Lukas Matteo Mohl

Mediennutzung und körperliche Aktivität bei Kindern und Jugendlichen

Führen Smartphones und das Fernsehen zum Bewegungsmangel?

Bibliografische Information der Deutschen Nationalbibliothek:

Die Deutsche Nationalbibliothek verzeichnet diese Publikation in der Deutschen Nationalbibliografie; detaillierte bibliografische Daten sind im Internet über http://dnb.d-nb.de abrufbar.

Impressum:

Copyright © Social Plus 2020

Ein Imprint der GRIN Publishing GmbH, München

Druck und Bindung: Books on Demand GmbH, Norderstedt, Germany

Covergestaltung: GRIN Publishing GmbH

Inhaltsverzeichnis

Zusammenfassung

Wie Studien belegen, erreicht ein immer geringer werdender Anteil der Kinder und Jugendlichen in Österreich und Deutschland die Bewegungsempfehlungen der Weltgesundheitsorganisation (WHO). Gleichzeitig zeigt sich eine stetige Zunahme des Medienbesitzes beziehungsweise Medienkonsums bei Kindern und Jugendlichen. Daraus ergibt sich die Frage nach einem möglichen Zusammenhang der beiden Entwicklungen. In der vorliegenden Arbeit soll ein Überblick über aktuelle Studien zum Zusammenhang zwischen Fernsehkonsum und Handy/Smartphone-Nutzung und dem Ausmaß der körperlichen Aktivität von Sechs- bis Vierzehnjährigen in Österreich und im deutschsprachigen Raum dargestellt werden. Die Ergebnisse zeigen keinen signifikanten Zusammenhang bei Kindern unter zehn Jahren. Eine negative Korrelation besteht zwischen einem übermäßigen Medienkonsum und dem Ausmaß der körperlichen und sportlichen Aktivität bei Jugendlichen über elf Jahren mit geschlechtsspezifischen Unterschieden. Die Ergebnisse einer mit einbezogenen internationalen Metaanalyse sind zum Teil different – so zeigte sich ein signifikanter negativer Zusammenhang auch für Kinder ab dem siebten Lebensjahr. Die Ergebnisse werden diskutiert und Anregungen für sich daraus ergebende pädagogische Implikationen angeführt.

Abstract

As studies show, there is an ever-decreasing proportion of children and adolescents in Austria and Germany following the recommendations on physical activity of the World Health Organization (WHO). Simultaneously there is a steady increase of children and adolescents own and use electronic media. Accordingly, the question arises whether there is any correlation between these two conditions. This bachelor thesis gives an overview of recent studies which focus on this correlation between television consumption and phone use and the amount of physical activity from six- to fourteen-year-old in Austria and Germany. The results show no significant correlation in children till the age of ten. There is a negative correlation between excessive media consumption and the level of physical and sport activity in adolescents over the age of eleven, with some differences according to gender. The results of an included international meta-analysis are partially different – they show a significant negative correlation also for children younger than eleven. The results are discussed and suggestions for pedagogical implications are given.

Abbildungsverzeichnis

Tabellenverzeichnis

1 Einleitung

> „Bewegung ist einer der wichtigsten Faktoren, die bei der
> psychomotorischen Gesamtentwicklung von Kindern und Ju-
> gendlichen eine Rolle spielen. Nur durch aktive Auseinander-
> setzung mit der materiellen Umwelt kann Sicherheit im Um-
> gang mit dem eigenen Körper gewonnen werden, was als
> Folge eine gesunde psychische und physische Entwicklung mit
> sich bringt" (Prätorius & Miliani, 2004, S.172).

Bös und Pratschko nennen zahlreiche positive Auswirkungen von Bewegung, die sich sowohl auf den Körper als auch auf die Psyche des Kindes ergäben. So trägt eine körperliche Betätigung bei Kindern unter anderem zu einem widerstandsfähigen Immunsystem, als auch zu einem starken Selbstbewusstsein bei. Die genannten Effekte unterstreichen die Wichtigkeit von Bewegung in der Kindheit (Bös & Pratschko, 2009, S.41-42).

Kinder und Jugendliche wachsen in der heutigen Zeit mit einem sehr umfangreichen Medienrepertoire auf. Dies wird vor allem am Anstieg des Besitzes von eigenen Medien bei Kindern und Jugendlichen ersichtlich. Nach aktuellen Daten aus dem Jahre 2018 besitzen mehr als die Hälfte der Sechs- bis Dreizehnjährigen bereits ein eigenes Mobiltelefon, (Medienpädagogischer Forschungsverbund Südwest, 2019) wohingegen der entsprechende Prozentsatz im Jahre 1999 bei gerade einmal bei einem Prozent lag (Medienpädagogischer Forschungsverbund Südwest, 2000). Es lässt sich zudem auch ein Anstieg in Bezug auf den Fernseher-Besitz über die Jahre erkennen.

Auch persönliche Erfahrungen im Laufe meines Praktikums, bei dem ich mit Kindern im Alter von sechs- bis fünfzehn Jahren gearbeitet habe, wiesen auf diesen Sachverhalt hin. Nahezu jedes Kind – zum Großteil auch jüngere Kinder – waren bereits im Besitz eines Mobiltelefons. Die meisten Kinder nahmen reflexartig ihr Handy beziehungsweise Smartphone zur Hand, sobald wir eine Pause eingelegt hatten. Zudem sprachen die Kinder häufig über Serien und Shows, die sie im Fernsehen gesehen hatten.

Aufgrund der Veränderung des Medienbesitzes und der Wichtigkeit einer ausreichenden Bewegung im Kindes- und Jugendalter, steht die Frage im Raum, ob eine steigende Mediennutzung eine Auswirkung auf das Ausmaß der Bewegung hat.

So beschreibt Spitzer bereits im Jahre 2012, dass die tägliche Mediennutzung nicht ohne Folgen sein könne (Spitzer, 2012).

Mit der vorliegenden Arbeit möchte ich einen Überblick über den diesbezüglichen Forschungsstand im deutschsprachigen Raum geben und auch auf die daraus resultierenden pädagogischen Implikationen eingehen.

1.1 Fragestellung und Zielgruppe

Wie bereits oben angeführt, zielt die vorliegende Arbeit darauf ab, einen Überblick über möglichst aktuelle Studien und deren Ergebnisse betreffend den Zusammenhang zwischen Medienkonsum und körperlicher Aktivität von Kindern und Jugendlichen - bevorzugt in Österreich beziehungsweise den benachbarten Ländern - zu geben. Des Weiteren möchte ich auf daraus resultierende pädagogische Implikationen und mögliche Maßnahmen eingehen.

Die grundlegende Fragestellung der vorliegenden Arbeit beinhaltet drei Hauptfragen und einige dazugehörige Subfragen. Die Hauptfragestellungen lassen sich beschreiben als:

- Zeigt die (übermäßige) Handynutzung und der Fernsehkonsum von Kindern und Jugendlichen Auswirkungen auf das Ausmaß ihrer körperlichen Aktivität?
- Wenn ja, welche?
- Welche pädagogischen Implikationen ergeben sich daraus?

Aus diesen Fragestellungen ergeben sich zusätzlich die Fragen:

- Was ist ein angemessenes zeitliches Ausmaß an Handy- und Fernsehkonsum?
- Was ist das tatsächliche Ausmaß an Handy- und Fernsehkonsum der Zielgruppe?
- Was ist ein angemessenes altersentsprechendes Ausmaß an körperlicher Aktivität?
- Was ist das tatsächliche Ausmaß an körperlicher Aktivität der Zielgruppe?

Als Zielgruppe wurden Kinder und Jugendliche im Alter zwischen sechs- und vierzehn Jahren gewählt, da Kinder bereits sehr früh in den Kontakt mit Medien kommen und diese eine große Rolle in ihrer Freizeit spielen (Education group, 2018; Education group, 2019; Medienpädagogischer Forschungsverbund Südwest, 2019). Um mögliche mit zunehmendem Alter einhergehende Auswirkungen auf den Zusammenhang zwischen Mediennutzung und körperlicher Aktivität erfassen zu können, wurde bei der Zielgruppe eine breitere Altersspanne gewählt, die laut des Stufenmodells von Piaget zwei unterschiedliche Entwicklungsphasen umfasst Piaget zitiert nach Petermann et al., 2004, S.122-125).

1.2 Methoden und Quellen

Die Bearbeitung der Fragestellung erfolgte durch die Sichtung vorhandener empirischer Studien zur Thematik und einer Zusammenfassung derer Ergebnisse. Dabei wurde einerseits besonderer Wert auf eine möglichst hohe Aktualität der Studien gelegt, zum anderen wurde der Schwerpunkt auf Studien aus Österreich beziehungsweise dem deutschsprachigen Raum gelegt.

Im folgenden Kapitel wird auf entwicklungspsychologische Grundlagen und Konzepte eingegangen, die für das Thema von Relevanz sind. Dieses Kapitel ist in zwei Bereiche unterteilt. Der erste Teil befasst sich mit der körperlichen Entwicklung und den damit verbundenen Veränderungen der Zielgruppe in der ausgewählten Alterspanne. Zudem wird kurz auf den Bereich „Motorik" und dessen Definition eingegangen. Im zweiten Abschnitt wird die kognitive Entwicklung der Sechs- bis Vierzehnjährigen anhand des Stufenmodells von Piaget beschrieben. Zur Bearbeitung dieses Kapitels wurden unter anderem die Monografien „Entwicklungspsychologie des Kindes- und Jugendalters" (Rossmann, 2016) und „Entwicklungswissenschaften Entwicklungspsychologie – Genetik – Neuropsychologie" (Petermann et. al, 2004) ausgewählt.

Im zweiten Kapitel, das wiederum in zwei Bereiche gegliedert ist, wird ein aktueller Überblick über den Medienkonsum der Zielgruppe gegeben. Zu Beginn dieses Kapitels werden Empfehlungen von anerkannten Experten und öffentlichen Stellen zum Ausmaß der Mediennutzung für die ausgewählte Altersgruppe genannt. Hierzu wurden entsprechende Empfehlungen aus dem deutschsprachigen Raum (Österreich, Deutschland und der Schweiz) sowie der Weltgesundheitsorganisation (WHO) ausgewählt, um einen möglichst differenzierten Überblick zu geben. Der zweite Teil gibt eine Übersicht zu aktuellen Daten in Österreich und Deutschland zum Thema Medien und beinhaltet sowohl die Ausstattung der Haushalte bezogen auf die untersuchten Mediengeräte sowie das Freizeitverhalten beziehungsweise das Nutzungsverhalten der Kinder und Jugendlichen unter besonderer Berücksichtigung des Fernsehkonsums und der Handy- und Smartphone-Nutzung (die Drogenbeauftragten der Bundesregierung, 2018; Education group, 2018; Education group 2019; Medienpädagogischer Forschungsverbund Südwest, 2019).

In den beiden Abschnitten des dritten Kapitels wird ein Überblick über die aktuellen Daten und Forschungsergebnisse für die zweite zu behandelnde Variable, der „körperlichen Aktivität" gegeben. Nach der Definition von körperlicher beziehungsweise sportlicher Aktivität wird auf das empfohlene Ausmaß an körperlicher Aktivität für die Zielgruppe eingegangen. Der abschließende Teil dieses Kapitels umfasst aktuelle Daten und Studienergebnisse zum tatsächlichen Ausmaß an körperlicher Aktivität der gewählten Zielgruppe.

Bei der Auswahl der Studien wurde vor allem darauf geachtet, einen möglichst aktuellen und umfassenden Überblick der entsprechenden Ergebnisse im deutschsprachigem Raum zu gewährleisten (Bundesministerium für Arbeit, Soziales, Gesundheit und Konsumentenschutz, 2018; Bundesministerium für Gesundheit, 2015; Finger et al., 2018, S. 30; Woll et al., 2019, S. 6).

Im anschließenden Kapitel wird unter Einbeziehung von zwei ausgewählten Studien und einer Metaanalyse, die am Anfang desselben

Kapitels ausführlich beschrieben werden, Untersuchungsergebnisse zu einem möglichen Zusammenhang zwischen dem Ausmaß des Fernsehkonsums beziehungsweise der Handynutzung und dem Ausmaß der körperlichen Aktivität bei der Zielgruppe dargestellt. Bei der Studienauswahl wurde besonders darauf geachtet, möglichst aktuelle als auch zielortbasierte Studien zu wählen, die den Zusammenhang dieser Thematik untersuchten. Es wurden dabei die *„Studie* zur Gesundheit von Kindern und Jugendlichen in Deutschland" (*KiGGS*), die sowohl ein Längsschnitt- als auch Querschnitt-Design aufweist, das Motorik-Modul (MoMo-Studie) und die Metaanalyse von Marshall ausgewählt (Hölling et al., 2007, S. 557-566; Manz et al. 2014, S. 840-848; Marshall et al. 2004, S. 1238-1246; Woll et al., 2017, S. 66-73). Die Auswahl dieser internationalen Metaanalyse liegt darin begründet, dass diese Studie einerseits Ergebnisse aus Deutschland beinhaltet und zum anderen eine sehr hohe Anzahl an entsprechenden Studien einbezogen hatte. So belief sich die Gesamtteilnehmerzahl auf mehr als 150 000. Am Ende des Kapitels werden die Ergebnisse der Studien nochmals zusammengefasst und miteinander verglichen.

Im abschließenden Kapitel werden die Ergebnisse der Studien nochmals reflektiert und mögliche pädagogische Implikationen – im Sinne von Fördermöglichkeiten zur Erhöhung des Ausmaßes der körperlichen Aktivität für die Zielgruppe - angeführt. Es werden zum Großteil persönliche Überlegungen genannt, wobei Bezug zu wissenschaftlichen Grundlagen beziehungsweise Studienergebnissen genommen wird.

2 Entwicklungspsychologische Grundlagen

2.1 Körperliche und motorische Entwicklung

Das Ende der Kleinkindzeit ist eine Entwicklungszeit, die einerseits einen von außen markierten Übergang - nämlich vom Vorschulkind zum Schuleintritt - darstellt und andererseits auch durch eine Vielzahl körperlicher Veränderungen gekennzeichnet ist (Hebestreit et al., 2002, S. 7).

„Erster Gestaltwandel":

Die körperliche Entwicklung dieser Altersstufe stellt im Wesentlichen eine Fortsetzung der bereits im Vorschulalter begonnenen Entwicklung dar. Die Wachstumsgeschwindigkeit reduziert sich und die Proportionen verändern sich. Etwa im sechsten und siebten Lebensjahr tritt der sogenannte „erste Gestaltwandel" auf. Das körperliche Erscheinungsbild verändert sich vom „Kleinkindhaften" in Richtung „Schulkindform". Es kommt zu einer Verlängerung der Gliedmaßen, der Rumpf wird schlanker, gestreckter und weniger fettreich. Die Muskulatur beginnt sich abzuzeichnen und es bildet sich eine Taille aus. Die Lage des Körperschwerpunktes wird tiefer, was zu einer stabileren Gleichgewichtslage führt. Es kommt zu einer laufenden Verbesserung ihrer motorischen Leistungsfähigkeit und einer stetigen Zunahme ihrer Körperkraft (Rossmann, 2016, S. 95 -96).

Der Abschluss des „ersten Gestaltwandels" - und damit der Eintritt in die vorpubertäre Phase - tritt bei Mädchen etwa im neunten bis zehnten Lebensjahr ein, bei Jungen im etwa zehnten bis zwölften Lebensjahr. Mit der Pubertät erfolgt dann der „zweite Gestaltwandel".

Kinder, bei denen der „erste Gestaltwandel" bereits abgeschlossen ist, können sich vermehrt ihrer Motorik widmen, da eine Phase der körperlichen Entwicklung folgt, die im Vergleich weniger turbulent verläuft. Die Kinder haben somit in dieser Phase mehr Gelegenheiten ihre motorischen Fähigkeiten auszutesten (Mietzel, 2002, S. 294).

Charakteristisch für Kinder im frühen Schulkindalter ist zudem ein Bewegungsverhalten, das von einem Drang nach Entdeckung und neugierigem Ausprobieren geprägt ist. Das stellt unter anderem eine Basis für das Erlernen von motorischen Fertigkeiten dar (Bös & Ulmer, 2003, S. 18). Die Phase des Grundschulalters stellt somit keinen ruhigen Abschnitt dar, sondern ist von „stürmischen" und „aufgeweckten" Verhaltensweisen geprägt.

Schon beim Eintritt ins Grundschulalter verfügen Kinder zumeist über ausgeprägte Fähigkeiten in den Aktivitäten Laufen, Klettern, Springen und Hüpfen, die in der weiteren Entwicklung durch grobmotorische Fähigkeiten wie Fangen, Werfen und Stoßen ergänzt werden. Diese zunehmenden motorischen Fähigkeiten bilden eine Grundlage für eine vermehrte Ausübung sportlicher Aktivitäten (Mietzel, 2002, S. 294).

„Zweiter Gestaltwandel":

Im Jugendalter kommt es bei beiden Geschlechtern zu einem Wachstumsschub, der sich bis über circa viereinhalb Jahre erstreckt, wobei dieser bei Mädchen früher eintritt. Der bemerkbare Zuwachs bei der Körpergröße erfolgt bei Mädchen ungefähr im zwölften Lebensjahr und beträgt ungefähr 8 cm pro Jahr. Bei Jungen setzt das Wachstum mit einem Ausmaß von circa 9,5 cm pro Jahr ein wenig später, mit einem Alter von ungefähr 14 Jahren, ein. Nicht nur die Körpergröße nimmt zu, sondern nahezu alle Körperteile werden größer. Sowohl die Gliedmaßen (Hände, Füße, Arme, Beine) als auch die Hüfte, Schultern und Rumpf entwickeln sich weiter. Abgesehen von den optischen Veränderungen im Jugendalter macht sich ein Kraftzuwachs bemerkbar, der dafür verantwortlich ist, dass der geschlechtsspezifische Unterschied betreffend Körperkraft zugunsten der Jungen größer wird. Diese Abweichung hat sowohl soziokulturelle als auch biologische Gründe. Zudem stellt die motorische Koordination während der Pubertät sowohl bei den Mädchen als auch bei den Jungen eine Schwierigkeit dar. Es wird vermutet, dass die unregelmäßig starken Wachstumsschübe der verschiedenen Körperbereiche, das zuvor in der Kindheit geprägte eigene Körperbild stören. Das Jugendalter zeichnet sich ebenso durch die Geschlechtsreife aus, auf die hier jedoch nicht eingegangen wird, da sie nicht relevant für die Bearbeitung der Forschungsfrage ist. Es lässt sich jedoch sagen, dass das Eintreten der Geschlechtsreife mit einer erhöhten Hormonausschüttung in Beziehung steht und dahingehend Einfluss auf das Wachstum und die damit einhergehenden Veränderungen des Körpers hat (Rossmann, 2016, S. 143-145).

Motorik

Motorik ist die Grundvoraussetzung für die Interaktion einer Person mit ihrer Umwelt sowie einer Reaktion auf äußere Einflüsse. Die Entwicklung motorischer Fähigkeiten und Fertigkeiten führt dazu, dass neue Erfahrungen gesammelt und die Umwelt erkundet werden kann. Sie ist für die Entwicklung vieler Persönlichkeitsbereiche elementar. Die motorische Entwicklung ist somit für die Gesamtentwicklung im Kindesalter von großer Bedeutung (Ahnert, 2005, S. 15-16).

Nach Bös und Mechling wird unter „Motorik" die Gesamtheit aller latenten Steuerungs- und Funktionsprozesse verstanden, die sichtbaren Bewegungsabläufen zugrunde liegen (Bös & Mechling, 1983, S.32-33).

Es wird unterschieden zwischen motorischen Fähigkeiten und motorischen Fertigkeiten. Für Jansen und Richter stellen die motorischen Fähigkeiten die Grundlage für die Ausführung einer speziellen Bewegungsform dar, die vor allem als genetisch-festgelegte Eigenschaften zu definieren sind. Zu diesen zählen Ausdauer, Kraft, Schnelligkeit und Beweglichkeit. Die motorischen Fertigkeiten sind nicht genetisch bestimmt, sondern können angeeignet und trainiert werden (Jansen & Richter, 2016, S. 24).

2.2 Kognitive Entwicklung

Der Schweizer Psychologe Jean Piaget unterscheidet in dem von ihm entwickelten Modell zur kognitiven Entwicklung bei Kindern zwischen folgenden vier Hauptstadien (Piaget zitiert nach Petermann et al., 2004, S.122-125):

1. Stadium der sensomotorischen Intelligenz, welches sich von der Geburt bis zum circa zweiten Lebensjahr erstreckt,

2. das präoperationale Stadium vom circa zweiten Lebensjahr bis zum siebten Lebensjahr,

3. das konkret-operationale Stadium vom circa siebten Lebensjahr bis zum zwölften Lebensjahr, und

4. das formal-operationale Stadium ab circa dem elften beziehungsweise zwölften Lebensjahr.

Im Folgenden möchte ich auf die für die Zielgruppe relevanten Stadien etwas genauer eingehen.

Konkret-Operationales Stadium

Kinder im Schulalter befinden sich laut Piaget auf der Stufe des konkret-operationalen Denkens, welches sich durch "konkrete gedankliche Operationen" auszeichnet, die sich auf greifbare Gegenstände beziehen. Das Kind kann logisch über konkrete Probleme im Hier und Jetzt nachdenken. Es ist in der Lage, mentale Operationen mit konkreten Gegenständen durchzuführen, jedoch noch nicht mit abstrakten Gedanken. Diese Bereicherung der kognitiven Leistungsfähigkeit zeigt sich in einem Zugewinn an logischem Denken, da Kinder nun in der Lage sind, Dinge aus anderen Blickwinkeln zu sehen (Petermann et al., 2004, S. 124).

Das Kind ist somit erstmals befähigt, konkrete Operationen zu verstehen, es ist in der Lage, sich bewusst zu machen, dass die Anzahl von Objekten durch Hinzunahme zunimmt und durch Wegnahme weniger wird. Diese kognitive Fähigkeit ermöglicht Kindern das Rechnen durch Additionen, Subtraktionen, Multiplikationen, Divisionen und das Bilden von Rangreihen. Doch nicht nur ihre mathematischen Leistungen erweitern sich, sondern es entwickelt sich auch die Fähigkeit Oberbegriffe zu bilden. Sie wissen nun, dass ein Objekt mehreren Kategorien angehörig sein kann. Diese Fähigkeit entwickelt sich jedoch erst im Schulalter und ist mit dem Alter von elf Jahren völlig ausgereift (Rossmann, 2016, S. 120-122).

In diesem Stadium verfügt man die Fähigkeit der Reversibilität, des reversiblen Denkens. Das Kind ist nun zum Durchdenken von einer

Reihe von Abfolgen befähigt, kann diese Abfolge aber gedanklich auch umkehren (Rossmann, 2016, S. 120-122).

Zudem wird ein Wechsel der sozialen Perspektive möglich. Das Kind kann sich vorstellen, wie es von anderen gesehen wird und es erkennt, dass Menschen anders handeln können, als sie fühlen. Dies hat Auswirkungen auf die sozialen Beziehungen des Kindes. Bei der Beurteilung einer Person wird nicht nur deren Handlung berücksichtigt, sondern auch die dahinterstehende Absicht (Rossmann, 2016, S. 120-122).

Formal-Operationales Stadium

Etwa mit dem zwölften Lebensjahr beginnt das finale Stadium, das von Piaget als „formal-operationales Stadium" definiert wird. In dieser Phase erlernen die Kinder die Fähigkeit des abstrakten Denkens und hypothetisch-deduktiven Schlussfolgerns, das der höchsten Form des logischen Denkens entspricht.

In diesem Stadium sind die Kinder und Jugendlichen zunehmend in der Lage, über komplexe hypothetische Probleme nachzudenken und systematisch und logisch an die Lösung eines Problems heranzugehen. Sie erlangen die Fähigkeit, sich gedanklich mit abstrakten Prinzipien auseinanderzusetzen.

Kinder beziehungsweise Erwachsene, die diese Stufe erreichen, sind in der Lage, sich mehrere Realitäten vorzustellen. Dieser Vorgang ermöglicht des Weiteren, dass sich Menschen Gedanken über die Welt aus verschiedenen Sichtweisen machen können (Rossmann, 2016, S. 152-153). Ein mögliches Indiz dafür ist, dass sich vor allem im Jugendalter ein Anreiz für Science-Fiction-Filme entwickelt. Denn Bücher und Filme dieser Kategorie handeln zumeist von realitätsfernen

Darstellungen der Erde und bedürfen der Fähigkeit dieses Denkens beziehungsweise zielen auf diese Art des Denkens ab (Siegler, 2001, S. 56).

3 Handynutzung und Fernsehkonsum

3.1 Empfehlungen für Handynutzung und Fernsehkonsum für die ausgewählte Zielgruppe

Obwohl es keine „Pauschalregel" gibt, wieviel Zeit Kinder höchstens vor Bildschirmmedien verbringen sollten - da es immer auch von der Art der Nutzung abhängt -, gibt es jedoch grundlegende Empfehlungen. Diese Richtlinien zum Ausmaß der Nutzung digitaler Medien für Kinder und Jugendliche beziehen sich jedoch häufig nur auf das Kleinkind- und Vorschulalter. Für Kinder im Schulalter beziehungsweise für Jugendliche finden sich aufgrund der unterschiedlichen Nutzungsmuster weniger Empfehlungen beziehungsweise sind diese oft unterschiedlich definiert.

Die WHO hat 2019 mit dem Ziel der Vermeidung von Übergewicht und daraus resultierenden Folgeerkrankungen Empfehlungen für Bildschirmzeiten / Sitzverhalten, körperliche Aktivität und Schlaf für Kinder herausgegeben. Allerdings beziehen sich diese Richtlinien auf Kinder in einem Alter bis zu fünf Jahren. Bis zu einem Alter von zwei Jahren wird empfohlen, keine Zeit mit Bildschirmmedien zu verbringen. Ab einem Alter von zwei Jahren wird ein Sitzverhalten von unter einer Stunde empfohlen, wobei dies möglichst nicht mit Bildschirmnutzung verbunden sein sollte, sondern mit Printmedien, wie beispielsweise Büchern (WHO, 2019a, S. 8).

Ähnliche Empfehlungen gibt es seitens der „Arbeitsgruppe Schlafmedizin und Schlafforschung der Österreichischen Gesellschaft für Kinder- und Jugendheilkunde". Auch sie empfehlen keine Zeit vor dem Bildschirm für Kinder unter zwei Jahren. Nach Erreichen des zweiten

Lebensjahres bis zum Vorschulalter sollte ein Kind maximal 30 Minuten pro Tag Bildschirmmedien nutzen. Wenn das Kind das Vorschulalter erreicht hat, kann man die Bildschirmzeit pro Tag über das Jugendalter hinaus schrittweise erhöhen, jedoch nur bis auf ein Maximum von zwei Stunden (Sauseng et al., 2016, S. 254-256).

Vergleichbare Empfehlungen veröffentlichten die deutsche „Bundeszentrale für gesundheitliche Aufklärung" und die „Jugend- und Familienberatungen der Zentralschweiz":

Altersgruppe	BZgA (Rütten & Pfeifer, 2016, S. 23-27)		Schweiz no.ZOFF. (no.ZOFF, 2015)
	Empfehlung Nutzungszeit		
	Hörmedien	Bildschirmmedien	Elektronische Medien
0 – 3 Jahre	< 30 Min./Tag	Gar nicht	Gar nicht
3 – 6 Jahre	< 45 Min./Tag	Zusammen mit Hörmedien < 30 Min./Tag	< 30 Min./Tag
6 – 9 Jahre	Keine Angabe	Keine Angabe	< 45 Min./Tag
6 – 10 Jahre	< 60 Min./Tag	Zusammen mit Hörmedien < 45 – 60 Min./Tag	Keine Angabe
9 – 12 Jahre	Keine Angabe	Keine Angabe	< 60 Min./Tag
12 – 14 Jahre	Keine Angabe	Keine Angabe	< 90 Min./Tag

Tabelle 1: Empfehlungen zu Mediennutzung von BZgA und no.ZOFF
(Rütten & Pfeifer, 2016, S.23-27; no.Zoff, 2015) (eigene Darstellung)

Wie anhand der Tabelle ersichtlich wird, liegt für Sechs- bis Neunjährige eine Empfehlung seitens der „Jugend- und Familienberatungen der Zentralschweiz" von weniger als 45 Minuten Nutzung elektronischer Medien pro Tag vor. Auch die diesbezüglichen Empfehlungen der deutschen Bundesbehörde liegen für diese Altersgruppe bei maximal 45-60 Minuten pro Tag. Bei elektronischen Medien liegt die Empfehlung für die Nutzungsdauer bei Neun- bis Zwölfjährigen bei weniger als 60 Minuten pro Tag und bei Zwölf- bis Vierzehnjährigen bei maximal 90 Minuten täglich. Dies entspricht im Durchschnitt zwei bis drei Folgen einer Kinder- oder Jugendserie. Zudem sehen die genannten Zeiten der „Jugend- und Familienberatungen der Zentralschweiz" bei den jüngeren Altersgruppen eine Beaufsichtigung durch Erwachsene vor.

3.2 Aktuelle Studienlage in Österreich und Deutschland zur Handynutzung und zum Fernsehkonsum der ausgewählten Zielgruppe

Dieses Kapitel gibt einen aktuellen Überblick über die Verfügbarkeit, Häufigkeit und Dauer der Nutzung von Medien „Handy" und „Fernseher" in Österreich und Deutschland mit dem Fokus auf Sechs- bis Vierzehnjährige. Als Grundlage dienen die Ergebnisse folgender österreichischer, als auch deutscher Studien:

Die österreichische „Education-group-Studie" aus dem Jahre 2018 hat das Medienverhalten von 500 Kindern im Alter von sechs bis zehn Jahren mittels face-to-face-Interview untersucht. Zusätzlich wurden im Zuge dieser Studie 304 Eltern befragt. Aufgrund des Designs der Studie liegen zudem Vergleichswerte aus den Jahren 2007, 2010, 2012, 2014 und 2016 vor (Education group, 2018).

Eine weitere aktuelle Studie, die in Österreich durchgeführt wurde, ist die „Education-group-Studie" aus dem Jahre 2019. Hier wurde an Stelle der in der obigen Studie gewählten Zielgruppe der Sechs- bis Zehnjährigen, die Altersgruppe der Elf- bis Achtzehnjährigen untersucht. Die Erhebung folgte anhand Interviews mit 500 Kindern und Jugendlichen. Auch diese Studie weist über mehrere Durchführungszeitpunkte und die dementsprechenden Ergebnisse auf (Education group, 2019).

Zur Ermittlung der entsprechenden Werte in Deutschland wurden folgende Studien herangezogen:

Im Rahmen der „Kindheit, Internet, Medien – Studie 2018", kurz „KIM-Studie", wurden 1231 Kinder im Alter von sechs- bis dreizehn Jahren zu ihrem Medienverhalten beziehungsweise Medienkonsum befragt. Zudem wurden bei der „KIM-Studie" themenrelevante Angaben der Hauptbezugspersonen mittels Fragebögen erhoben (Medienpädagogischer Forschungsverbund Südwest, 2019).

Auch die BLIKK-Studie, die in den Jahren 2016 und 2017 durchgeführt wurde, befasste sich mit der Erhebung von Daten über die Medienkompetenz der Bezugspersonen und mit dem Nutzungsverhalten von 5.573 Kindern und Jugendlichen im Alter von vier Wochen bis einschließlich 14 Jahren und deren potenziellen Auswirkungen. Für diese Studie wurden die Methoden der Frühuntersuchung und die Befragung per Fragebogen ausgewählt. Bei den Kindern unter zehn Jahren wurden die Erziehungsberechtigten befragt. Die Teilnehmeranzahl der Kinder, die ein Alter zwischen sieben und zehn Jahren aufwiesen, belief sich auf 1.150. Die Größe der Stichprobe für die Zwölf- bis Vierzehnjährigen bestand aus 535 Befragten (Die Drogenbeauftragte der Bundesregierung, 2018).

3.2.1 Ergebnisse der oberösterreichischen Education Group-Studie

Studienergebnisse zur Häufigkeit und Dauer des Fernsehkonsums

Die Ergebnisse der oberösterreichischen Education Group Studie aus dem Jahr 2018 zeigen, dass nahezu jeder Haushalt - nämlich 95% - über ein Fernsehgerät verfügt. Dabei besitzen 10% der sechs- bis siebenjährigen Kinder und 19% der acht- bis zehnjährigen Kinder bereits ein eigenes Fernsehgerät. 49% der Kinder nutzen den Fernseher täglich, 27% fast täglich und 16% mehrmals pro Woche. Dabei dürfen 79% der Kinder den Fernseher teilweise und 20% uneingeschränkt nützen. Die tägliche Nutzungsdauer liegt bei durchschnittlich 45 Minuten. 25% der Kinder geben an, den Fernseher „fast gar nicht zu nutzen", 14% bis zu 30 Minuten, 28% zwischen 30 Minuten und einer Stunde, 25% ein bis zwei Stunden und 4% der Kinder sehen zwei bis drei Stunden täglich fern. Damit verbringen 29% der Kinder mehr als eine Stunde täglich vor dem Fernseher und hätten somit das oben angeführte empfohlene Tagespensum schon allein mit diesem Bildschirmmedium überschritten. Diese Werte beinhalten jedoch nur das „klassische" Fernsehen. Werte bezogen auf Streaming-Dienste oder Kurzclips aus dem Internet wurden hierbei nicht berücksichtigt. Die täglichen Durchschnittwerte dazu liegen bei 17 Minuten bei Streaming-Diensten und 26 Minuten bei Kurzclips aus dem Internet. Unter Einbeziehung dieser Werte erhöht sich der Prozentsatz der Kinder, die das empfohlene Tagespensum übersteigen. Die gemeinsame Durchschnittsnutzungsdauer dieser drei Varianten liegt bei 95 Minuten täglich. Betrachtet man diese Entwicklung im Jahresvergleich, so zeigt sich eine Zunahme der Nutzungsdauer in den letzten Jahren. Betrug die Konsumdauer dieser Medien in den Jahren 2007, 2010 und 2012 noch durchschnittlich 86 Minuten (2007: 86 Minuten, 2010: 85 Minuten, 2012: 87 Minuten), so stieg sie 2018 auf 95 Minuten (Education group, 2018).

Zudem lässt sich ein leichter Anstieg bezüglich des Wunsches nach einer intensiveren Nutzung des Fernsehers erkennen. Im Jahre 2014 wünschten sich noch 40% der Kinder eine Erhöhung der Fernsehzeit, 2016 wünschten sich 46% eine Steigerung und im Jahre 2018 waren es bereits 47% (Education group, 2018).

Der hohe Stellenwert des Fernsehens beziehungsweise digitaler Medien bei Kindern wird auch durch die Beantwortung der Frage, worauf am wenigsten verzichtet werden könnte deutlich sichtbar. Hier liegt das Fernsehen mit 42% klar an erster Stelle, gefolgt vom Smartphone (15%) und dem Tablet (10%) (Education group, 2018).

Zudem lässt sich erkennen, dass „fernsehen" mit 40% der Nennungen auf die Frage „am liebsten macht man..." zu den beliebtesten Aktivitäten zählt. Das „Fernsehen" wurde bloß von „draußen spielen" mit 46% übertroffen. Dies bestätigt sich auch bei der Frage nach der tatsächlichen Freizeitgestaltung. Auf die Frage „Freizeit verbringt man mit..." liegt „fernsehen" gemeinsam mit „drinnen spielen" mit jeweils 86% der Angaben an zweiter Stelle, lediglich überboten von „draußen spielen" mit 90% Zustimmung (Education group, 2018).

Studienergebnisse zu Besitz und Häufigkeit der Handynutzung

16% der Sechs- bis Siebenjährigen besitzen bereits ein eigenes Handy oder Smartphone. (Handy: 4%, Smartphone 12%) und 52% der Acht- bis Neunjährigen (Handy: 17%, Smartphone: 35%). In der Mehrzahl dürfen Kinder ihre Handys/Smartphones teilweise eingeschränkt nutzen (Handy: 51%; Smartphone 64%) und nur zu einem geringeren Prozentsatz uneingeschränkt (Handy: 20%; Smartphone 10%). Kinder nutzen ihr Handy/Smartphone zu 9% beziehungsweise 17% täglich, zu 14 % fast täglich, zu 17% beziehungsweise 28% mehrmals pro Woche und zu 16% beziehungsweise 12% einmal wöchentlich (Education group, 2018).

3.2.2 Ergebnisse der Studie „Education group 2019 – Jugendliche

Im Zeitraum von Februar bis April 2019 wurden 500 Jugendliche zwischen elf und achtzehn Jahren (je 50% im Alter von elf bis vierzehn Jahren und 15 bis 18 Jahren) zu ihrem Medienkonsumverhalten befragt.

Im Folgenden werden die Ergebnisse der Jugendlichen zwischen elf- bis vierzehn Jahren dargestellt, da nur diese Altersgruppe innerhalb der Zielgruppe der vorliegenden Arbeit liegt.

Studienergebnisse zum Besitz und Häufigkeit der Fernseh- und Smartphone-Nutzung:

35% der Elf- bis Vierzehnjährigen besitzen ein eigenes Fernsehgerät und 33% der Jugendlichen geben an, täglich fernzusehen.

Eine Differenzierung zwischen Handy und Smartphone wurde im Rahmen der Studie nicht durchgeführt. Die angeführten Ergebnisse stellen somit einen Gesamtwert bezogen auf Handys und Smartphones dar. 91% der Elf- bis Vierzehnjährigen besitzen ein eigenes Handy oder Smartphone. 70% der Jugendlichen nutzen ihr Handy/Smartphone täglich.

Ihre Freizeit nutzen die Jugendlichen, um „Freunde zu treffen" (68%), „Hausaufgaben zu machen" (67%) beziehungsweise „Spiele am PC, Tablet, Smartphone oder auf der Spielkonsole zu spielen" (66%).

Die drei „Top-Lieblingsbeschäftigungen" der Elf- bis Vierzehnjährigen in der Freizeit sind „Freunde treffen" (43%), „Spiele am PC, Tablet, Smartphone oder auf der Spielkonsole zu spielen" (34%) und „Zeit mit der Familie zu verbringen" (31%). An vierter Stelle folgt mit 29% der Nennungen „Sport treiben" (Education group, 2019).

3.2.3 Studienergebnisse für Deutschland

Die Ergebnisse der KIM-Studie zeigen, dass jeder Haushalt (100%) mit einem Fernsehapparat ausgestattet ist und 97% mit einem Handy oder Smartphone. Von den Kindern im Alter von sechs- bis dreizehn Jahren besitzen 51% ein eigenes Handy oder Smartphone und 34% ein eigenes Fernsehgerät. Eine Analyse nach Altersgruppen ergibt, dass 11% der Sechs- bis Siebenjährigen ein eigenes Fernsehgerät besitzen und bereits 59% der Zwölf- bis Dreizehnjährigen. Nahezu jedes Kind (96%) im Alter von sechs- bis dreizehn Jahren sieht zumindest einmal pro Woche fern. Der durchschnittliche tägliche Fernsehkonsum liegt bei 82 Minuten.

Auch bei der KIM-Studie wurden die tatsächlichen und die drei „liebsten" Freizeitaktivitäten erhoben. „Fernsehen" liegt dabei geschlechterübergreifend an der dritten Stelle (48%). Betrachtet man die bevorzugten Freizeitaktivitäten getrennt nach Geschlecht, so liegt sowohl bei den Mädchen als auch den Buben „Freunde treffen" mit 60% beziehungsweise 52% an erster Stelle, gefolgt von „draußen spielen" (Mädchen: 39%, Buben: 48%). An der dritten Stelle unterscheiden sich die Präferenzen: Bei den Mädchen liegt mit 27% „Fernsehen" an der dritten Stelle, bei den Buben mit 35 % „Sport treiben".

Bei der Häufigkeit der tatsächlichen Freizeitaktivitäten liegt „Fernsehen" mit 96% (kumulierter Wert der Antwortkategorien „jeden Tag" und „mehrmals die Woche") an erster Stelle. 74% der befragten Kinder geben an, täglich fernzusehen, 22% zumindest mehrmals pro Woche. An zweiter Stelle findet sich „Freunde treffen", mit einem Gesamtprozentwert von 92% (35% / 57%), gefolgt von „Hausaufgaben machen/Lernen" mit 91% (68% / 23%). Die „Nutzung von Handy beziehungsweise Smartphone" liegt mit 60% (42% / 18%) an der zehnten Stelle (Medienpädagogischer Forschungsverbund Südwest, 2019).

3.2.4 BLIKK-Studie, 2018

Ergebnisse zum Ausmaß des Fernsehkonsums:

Altersgruppe: Sieben- bis Zehnjährige:

Laut Angaben der Eltern sehen 20,52% der Kinder im Durchschnitt weniger als 30 Minuten und 43,48% zwischen 30 und 60 Minuten täglich fern. Der Prozent-Anteil für einen Fernsehkonsum von mehr als 60 Minuten pro Tag beläuft sich auf 35,04%. Somit lässt sich zusammenfassen, dass ca. 78% der Kinder im Alter von sieben bis zehn Jahren täglich mehr als 30 Minuten mit dem Fernsehen verbringt.

Bei den Werten zur Smartphone-Nutzung gab der Großteil der Eltern (66,7%) eine durchschnittliche Zeit von bis zu 30 Minuten an. Für den Nutzungszeitraum über 30 Minuten bis mehr als vier Stunden ergab sich ein Prozentsatz von 21,22%.

Altersgruppe: Zwölf– bis Vierzehnjährige:

Den größten Anteil (42,24%) in der Altersgruppe der 12-14-Jährigen gab eine Fernseher-Nutzungszeit von mehr als 60 Minuten täglich an. Ein knappes Viertel (24,11%) der Kinder sieht weniger als 30 Minuten fern und 31,59% verbringen zwischen 30 und 60 Minuten mit der Aktivität Fernsehen.

In Bezug auf die Nutzung von Smartphones wiesen 351 Jugendliche (65,61%) einen höheren Wert als eine Stunde pro Tag auf. 107 (20%) Befragte gaben eine Nutzungszeit zwischen 30 und 60 Minuten an und lediglich 12,71% nutzen das Smartphone täglich unter einem Zeitrahmen von 30 Minuten (Die Drogenbeauftragte der Bundesregierung, 2018).

4 Körperliche Aktivität der Zielgruppe

4.1 Definition des Begriffs „Körperliche Aktivität" und Empfehlungen für das Ausmaß

Caspersen, Powell und Christenson definieren den Begriff „Körperliche Aktivität" folgend: *„Physical activity is defined as any bodily movement produced by skeletal muscles that results in energy expenditure".* (Caspersen et al., 1985, S. 126-131) zu Deutsch: „Körperliche Aktivität ist jede von der Skelettmuskulatur ausgeübte Bewegung, die zu einem Energieverbrauch oberhalb des Grundumsatzes führt".

Im Gegensatz dazu werden unter sportlicher Aktivität nur solche körperlichen Aktivitäten verstanden, die gezielt auf die Leistungssteigerung ausgerichtet sind und geplant, strukturiert und wiederholt ausgeführt werden (Manz et al., 2014, S. 840-848).

Des Weiteren wird zwischen drei Arten der Intensität einer körperlichen Aktivität unterschieden:

- Keine körperliche Aktivität beziehungsweise ruhiges Sitzen (< 1,5 MET – metabolisches Äquivalent)

- leichte körperliche Aktivität (1,5 – 4 MET)

- moderate bis intensive körperliche Aktivität (> 4 MET) (Townsend et al., 2012).

Das metabolische Äquivalent (MET) wird von der British Heart Foundation (2012) folgend definiert:

Metabolic Equivalent (MET) ist definiert als „the ratio of work metabolic rate to a standard resting metabolic rate. Metabolic rate is the rate at which a person uses energy, or burns calories, 1 MET is considered a resting metabolic rate" (Townsend et al., 2012, S. 8).

Körperliche Betätigung im Grundschulalter hat viele positive Auswirkungen auf die Gesundheit des Kindes, darunter: Verbesserung der Herz-Kreislauf-Funktion (Biddle, et al., 2004, S. 679-701), Prävention von Übergewicht und Adipositas (WHO, 2010), Verbesserung der Muskel-Skelett Gesundheit (Biddle et al., 2004, S. 679-701), Verbesserung der psychischen Gesundheit (Biddle et al., 2004, S. 679-701), langfristige Verringerung des Risikos für bestimmte Formen von Krebs (Fuemmeler et al., 2009, S. 179-186) und die Erhöhung der kognitiven Leistungsfähigkeit (Dadaczynski & Schiemann, 2015, S. 190-199).

Laut den aktuellen Ergebnissen der zweiten Welle der Studie zur Gesundheit von Kindern und Jugendlichen in Deutschland (KiGGS) beträgt der Anteil der übergewichtigen Jungen und Mädchen im Alter von drei- bis siebzehn Jahren 15,4% in Deutschland, wovon 5,9% adipös sind. Zudem verkündet die Studie einen Anstieg der Häufigkeit von Übergewicht um 5% in der Bevölkerung im Vergleich zu den Referenzwerten aus den 1990er Jahren (Schienkiewitz et al., 2018, S. 16-23).

Empfehlungen für das Ausmaß körperlicher Aktivität

Die Weltgesundheitsorganisation empfiehlt für Kinder und Jugendliche eine tägliche körperliche Aktivität von mindestens 60 Minuten, wobei diese nicht nur aus gering-anstrengender Aktivität, wie zu Fuß gehen, bestehen sollte, sondern auch aus anstrengender, wie zum Beispiel beabsichtigtes Sporttreiben (WHO, 2010, S. 17-23).

Die Bundeszentrale für gesundheitliche Aufklärung empfiehlt für Kinder im Alter von sechs bis elf Jahren ein Bewegungsausmaß von mindestens 90 Minuten täglich. Davon sollten zumindest 30 Minuten mit moderater bis hoher Intensität erreicht werden. Die restliche Zeit kann durch weniger anstrengende körperliche Aktivität wie zu Fuß gehen erreicht werden (Rütten & Pfeifer, 2016, S. 23-27).

Im folgenden Kapitel erfolgt ein Überblick über aktuelle Werte zum tatsächlichen Ausmaß und der Frequenz der Ausübung von körperlicher Aktivität von Kindern im Alter von sechs- bis vierzehn Jahren in Österreich und Deutschland.

4.2 Aktuelle Studienlage in Österreich und Deutschland zu körperlicher Aktivität im Kindes- und Jugendalter

Health Behaviour in School-aged Children Study (HBSC) Österreich:

Zur Ermittlung der aktuellen Werte für Österreich wurde die europäische Kinder- und Jugendgesundheitsstudie „Health Behaviour in School-aged Children Study" ausgewählt, die alle vier Jahre in Österreich durchgeführt wird. Aus diesem Grund liegen sowohl repräsentative Daten für Österreich aus dem Jahre 2014 als auch aus dem Jahr 2018 vor. Ziel dieser Studie ist die Erhebung von Werten in Bezug auf die Gesundheit und das Gesundheitsverhalten der österreichischen Schülerinnen und Schüler im Alter von elf bis siebzehn Jahren. Die Erhebung erfolgte anonymisiert an Schulen mittels Online-Fragebogen beziehungsweise auf Papier. 2014 nahmen 5.983 Schülerinnen und Schüler teil, wovon 5.614 Fragebögen für die Auswertung ausgewählt wurden. Im Jahre 2018 wies die Studie eine Teilnehmerzahl von 7.585 Kindern beziehungsweise Jugendlichen auf (Bundesministerium für Gesundheit, 2015; Bundesministerium für Arbeit, Soziales, Gesundheit und Konsumentenschutz, 2018).

Health Behaviour in School-aged Children-Study (HBSC) Österreich 2014:

Auch im Rahmen der HBSC-Studie Österreich aus dem Jahre 2014 wurde das Ausmaß und die Häufigkeit körperlicher Aktivität bei Kindern und Jugendlichen erhoben. Kinder und Jugendliche wurden befragt, an wie vielen Tagen sie sich in den letzten sieben Tagen mindestens 60 Minuten körperlich betätigt haben. Die Studie kam zu dem Ergebnis, dass die elfjährigen Kinder sich durchschnittlich an 4,9 Tagen im entsprechenden Ausmaß körperlich betätigt hatten. Wenn man diese Ergebnisse in Bezug auf das Geschlecht trennt, zeigen sich ähnliche Werte: So gaben die Jungen 5 Tage und die Mädchen 4,8 Tage an. Bei den dreizehnjährigen Kindern machte sich eine Abnahme bemerkbar. Während die Buben angaben an 4,8 Tagen körperlich aktiv zu sein, verringerte sich der Wert bei den Mädchen auf 4,2 Tage. Diese geschlechtsspezifische Relation setzt sich mit zunehmendem Alter fort. So gaben die fünfzehnjährigen Mädchen einen durchschnittlichen Wert von 3,1 Tagen an. Jedoch machte sich hier auch eine Abnahme bei den Buben mit durchschnittlich 4 Tagen bemerkbar (Bundesministerium für Gesundheit, 2015).

Um auch das Ausmaß der körperlichen Aktivität der Kinder und Jugendlichen zu ermitteln, wurde die Anzahl der mit körperlicher Aktivität verbrachten Stunden in den letzten sieben Tagen abgefragt. Hier zeigte sich, dass sich die elfjährigen Kinder - sowohl die Mädchen als auch die Buben - durchschnittlich 5,2 Stunden pro Woche körperlich betätigt hatten. Bei den 13-jährigen Kindern machte sich eine geschlechtsspezifische Differenzierung bemerkbar. Die Jungen gaben ein Ausmaß von 5,4 Stunden an, wohingegen sich bei den Mädchen eine leichte Abnahme auf durchschnittlich 4,8 Stunden zeigte. Bei der Gruppe der 15-Jährigen zeigte sich geschlechtsunabhängig eine Reduktion des zeitlichen Ausmaßes der körperlichen Aktivität, wobei sich der bereits bei den 13-Jährigen beobachtbare geschlechtsspezifische Trend fortsetzte. Die angegebenen Werte lagen bei den männlichen Teilnehmern bei einem Ausmaß von durchschnittlich 5,1 Stunden, bei den Mädchen bei 4,1 Stunden (Bundesministerium für Gesundheit, 2015).

Setzt man diese Ergebnisse in Verbindung mit den oben genannten Empfehlungen der WHO, so erreichen diese lediglich 34,1% der elfjährigen Jungen und 27,5% der elfjährigen Mädchen. Betrachtet man die Altersgruppe der 13-Jährigen getrennt nach dem Geschlecht, erfüllen 29,2% der Jungen und 14,6% der Mädchen das empfohlene Ausmaß. Setzt man auch die Werte der 15-Jährigen in Relation mit den empfohlenen täglichen Vorgaben, kommt man auf den Prozentsatz von 16,5% bei den Jungen und auf 6,1% bei den Mädchen. Auch hier lässt sich ein geschlechtsspezifischer Unterschied, vor allem mit zunehmendem Alter, erkennen (Bundesministerium für Gesundheit, 2015).

Diese Werte zeigen deutlich, wie gering der Anteil der Kinder beziehungsweise Jugendlichen dieser Studie ist, die das von der WHO empfohlene Tagespensum körperlicher Aktivität tatsächlich erfüllen. Fasst man diese Werte zusammen, so kommt man zu dem Ergebnis, dass nur 17,4% der österreichischen Schüler und Schülerinnen diese Empfehlungen erfüllen. Dabei muss jedoch berücksichtigt werden, dass hier vorausgesetzt wurde, dass sich die Kinder beziehungsweise die Jugendlichen jeden Tag mindestens eine Stunde körperlich betätigen und ein Aufweisen eines siebenstündigen Wochenpensums zur Erfüllung nicht ausreichend ist. Bezieht man sich lediglich auf das Design, das ein Erreichen eines siebenstündigen Ausmaßes pro Woche ausreichend ist, erreichen 28,5% der Kinder und Jugendlichen im Alter von elf- bis siebzehn Jahren die Empfehlungen. Berücksichtigt man zudem auch die Kinder und Jugendlichen, die sich zumindest an fünf Tagen pro Woche wenigstens eine Stunde körperlich betätigen, dann erreichen 40,2% die genannten Empfehlungen (Bundesministerium für Gesundheit, 2015).

Health Behaviour in School-aged Children-Study (HBSC) Österreich 2018:

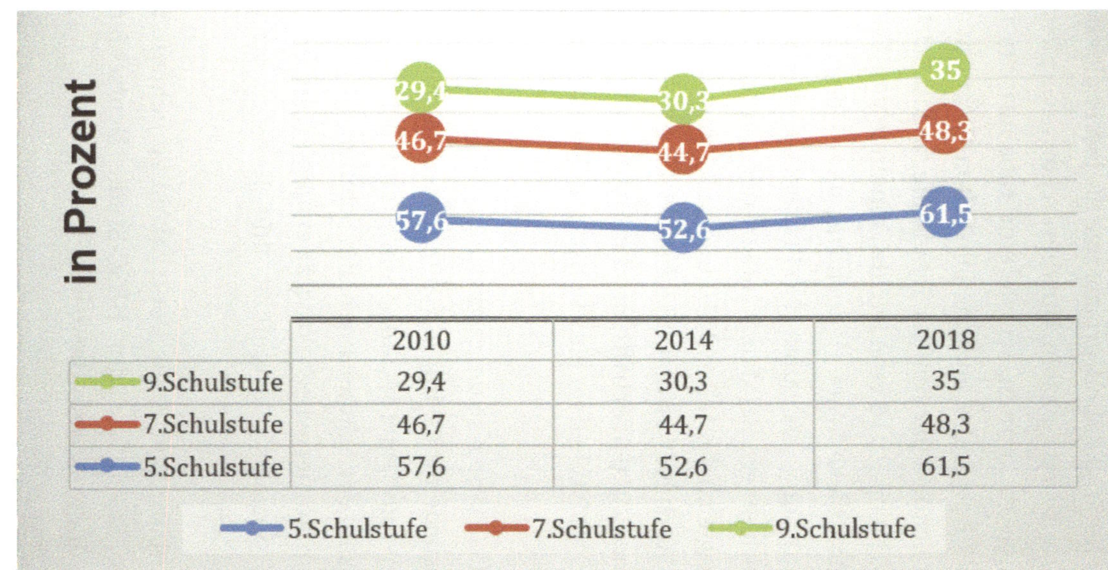

	2010	2014	2018
9.Schulstufe	29,4	30,3	35
7.Schulstufe	46,7	44,7	48,3
5.Schulstufe	57,6	52,6	61,5

Abbildung 1: Relative Anzahl der Schülerinnen und Schüler, die 4 bis 7 Tage in der Woche täglich zumindest eine Stunde körperlich aktiv sind, seit 2010, nach Schulstufe

(Bundesministerium für Arbeit, Soziales, Gesundheit und Konsumentenschutz, 2018, S.85) (eigene Darstellung)

Da bei den Erhebungen der HBSC Studie aus den Jahren 2010, 2014 und 2018 der prozentuelle Anteil der Schülerinnen und Schüler, die sich an vier bis sieben Tagen der Woche täglich zumindest eine Stunde körperlich betätigt haben, erfasst wurde, bietet dies die Möglichkeit, diese Werte zu vergleichen. Um diesen Jahresvergleich möglichst gut darstellen zu können, wurde eine tabellarische Darstellungsform gewählt. Betrachtet man die jährlichen Prozentwerte der Schülerinnen und Schüler der fünften Schulstufe, so lässt sich in der Zeitspanne von 2010 bis 2014 eine leichte Abnahme von 5% erkennen. Vergleicht man diese Werte jedoch mit denen aus dem Jahre 2018, lässt sich eine Steigerung über den Prozentsatz von 57,6% aus dem Jahre 2010 erkennen. Bei den Schülern der siebten Schulstufe lässt sich beim Vergleich der Jahre 2010 und 2014 ebenfalls eine Abnahme erkennen. Auch hier erfolgt im Jahr 2018 ein Anstieg, der die Werte aus dem Jahre 2010 übertrifft. Bei den Schülerinnen und Schülern der neunten Schulstufe liegt eine konstante Zunahme der Werte über die Jahre vor.

Betrachtet man diese Werte so unterstreichen die Ergebnisse die Abnahme der körperlichen Aktivität mit zunehmendem Alter. So zeigt sich – unabhängig vom Untersuchungsjahr – eine beinahe 50%-ige Reduktion der Anzahl der Schülerinnen und Schüler, die das entsprechende Ausmaß an körperlicher Aktivität erfüllen (Bundesministerium für Arbeit, Soziales, Gesundheit und Konsumentenschutz, 2018).

Um auch vergleichbare Werte aus Deutschland zu nennen, werden im Folgenden die Ergebnisse der HBSC-Studie Deutschland, der KiGGS-Studie und der MoMo-Studie genannt.

Health Behaviour in School-aged Children-Study (HBSC) Deutschland 2014:

Die in Deutschland durchgeführte „Health Behaviour in School-aged Children-Study" (HBSC-Studie) erfasste - wie die oben erwähnte „HBSC-Studie Österreich" – unter anderem Werte zum Gesundheitsverhalten von Kindern und Jugendlichen im Alter von elf- bis siebzehn Jahren. Die Erhebung der Daten erfolgte schriftlich in Schulklassen, wobei 5.961 Schülerinnen und Schüler teilnahmen.

Vergleicht man die Werte der „HBSC-Studie Deutschland" mit der Empfehlung der WHO, kommt man zum Ergebnis, dass 19,1% der elfjährigen Jungen und 12% der elfjährigen Mädchen (Gesamt-Durchschnitt: 15,55%) das empfohlene Tagespensum erreichen. Betrachtet man die Werte der Dreizehnjährigen, so steht dem Prozentsatz von 17,4% der Jungen ein Prozentsatz von 12% bei den Mädchen gegenüber. Es zeigt sich - ebenso wie bei der HBSC-Studie Österreich – eine mit dem Alter einhergehende Abnahme der körperlichen Aktivität bei den Kindern. In der eben genannten Altersgruppe vorerst nur bei den Jungen. Wie auch in der österreichischen Studie setzt sich in der deutschen Studie dieser Trend mit zunehmendem Alter fort und spiegelt den geschlechts-spezifischen Unterschied wider. Bei der Gruppe der 15-Jährigen erreichen lediglich 16,1% der Jungen und nur 8,8% der Mädchen die empfohlenen Werte der WHO (HBSC-Studienverbund Deutschland*, 2015).

Studie zur Gesundheit von Kindern und Jugendlichen in Deutschland (KiGGS):

„KiGGS" ist Bestandteil des Gesundheitsmonitorings am Robert Koch-Institut. „KiGGS" beinhaltet wiederholt durchgeführte, für Deutschland repräsentative Querschnitterhebungen bei Kindern und Jugendlichen bis zu einem Alter von 17 Jahren („KiGGS"-Querschnitt). Nach Durchführung der Basiserhebung unter dem Namen „Untersuchungs- und Befragungssurvey" in den Jahren 2003-2006 und der ersten „KiGGS"-Welle als reinem Befragungssurvey von 2009–2012, fand die zweite Welle der „KiGGS"- Studie von 2014 bis 2017 als kombinierter Untersuchungs- und Befragungssurvey statt.

Die Querschnittsergebnisse der ersten durchgeführten Erhebungswelle der deutschen KiGGS-Studie zeigt einen ähnlichen Trend wie die Ergebnisse der bereits angeführten Studien. So erreichten bei der ersten Erhebungswelle (n=12.368), die in den Jahren 2009-2012 durchgeführt wurde, lediglich 25,4% der Mädchen und 29,4% der Jungen im Alter zwischen drei- und siebzehn Jahren ein tägliches Bewegungspensum von zumindest 60 Minuten und konnten somit den Empfehlungen der WHO gerecht werden. Es ließ sich jedoch bei differenzierter Betrachtung feststellen, dass diese geschlechtsspezifische Differenz erst ab dem Altem von elf Jahren auftrat. So erfüllten vergleichsweise nahezu zweifach so viele Jungen im Alter von 14 bis 17 Jahren die WHO-Empfehlungen im Vergleich zu den Mädchen. Zudem kam auch diese Studie in dieser Welle zu dem Ergebnis, dass die Anzahl der Kinder und Jugendlichen, die die Empfehlung erfüllen, mit dem Alter abnimmt. So war der Prozentsatz der Kinder, die sich im Vorschulalter befanden, mit 51,5% am höchsten und sank ab dem Alter von zehn Jahren kontinuierlich (Finger et al., 2018, S. 30).

Motorik-Modul (MoMo-Studie):

Bei der sogenannten "MoMo-Studie" handelt es sich um ein Modul der „KiGGS-Studie", welches sich vor allem mit der motorischen Leistungsfähigkeit und der sportlich-körperlichen Aktivität von Kindern und Jugendlichen im Alter von vier- bis siebzehn Jahren in Deutschland befasst. Die Studie ist - wie die „KiGGS-Studie" - in unterschiedliche Erhebungswellen gegliedert, die im nachfolgenden Kapitel genauer beschrieben werden. An der ersten Erhebungswelle nahmen 3.451 Kinder und Jugendliche teil. An der zweiten Erhebungswelle 3.706 Kinder und Jugendliche. Die zweite Welle lieferte zudem als erste Studie Deutschlands repräsentative Daten für das tatsächliche Ausmaß an körperlicher Aktivität durch die Verwendung von Akzelerometern.

Im Zuge der Erhebungen wurde das tägliche Ausmaß an körperlich-sportlicher beziehungsweise körperlicher Aktivität der vier- bis siebzehnjährigen Kinder und Jugendlichen getrennt voneinander ausgewertet. Es zeigte sich - in Bezug auf das Ausmaß des Sport-Treibens - eine leichte Steigerung von 2003 auf 2017. So verbrachten die Jungen nach Einbeziehung aller Altersgruppen in der Basiserhebung aus dem Jahre 2003-2006 durchschnittlich 181,4 Minuten täglich mit organisiertem Sporttreiben und der Wert der Mädchen lag bei durchschnittlich 139,1 Minuten. Bei der ersten Erhebungswelle, die in den Jahren 2009-2012 stattfand, ließ sich eine moderate Steigerung bei beiden Geschlechtern erkennen. Der Wert der Jungen erhöhte sich auf durchschnittlich 211,1 Minuten und bei den Mädchen auf 163,8 Minuten. Bei der zuletzt durchgeführten Messung in den Jahren 2015-2017 war eine leichte Abnahme bei den Jungen mit durchschnittlichen 203,8 Minuten zu verzeichnen. Bei den Mädchen hingegen zeigte sich eine leichte Steigerung mit einem Durchschnitt von 168,4 Minuten (Woll et al., 2019, S. 6).

Über alle drei Erhebungszeitpunkte hinweg, zeigte sich auch hier ein höheres Maß an körperlicher Aktivität bei den Jungen im Vergleich zu den Mädchen.

Im Zuge der Studie wurden auch das Ausmaß des unorganisierten Sports und des Spielens in der Freizeit ermittelt. Hier zeigte sich bei allen erhobenen Werten eine konstante Abnahme - sowohl bei den Jungen als auch bei den Mädchen - über alle Jahre hinweg. Bei der Erhebung im Jahre 2003-2006 betrieben die Mädchen und Jungen im unorganisierten Rahmen durchschnittlich 83,1 Minuten pro Tag Sport. Bei der letzten durchgeführten Erhebung im Jahre 2015-2017, waren es durchschnittlich lediglich 52,5 Minuten täglich (Woll et al., 2019, S. 6).

Betrachtet man den Mittelwert der kumulierten Werte der einzelnen Geschlechter der zweiten Erhebungswelle, so spielen die Mädchen und Jungen im Schnitt nur mehr an 3,9 Tagen pro Woche im Freien. Bei der Basiserhebung waren es noch durchschnittlich 4,4 Tage (Woll et al., 2019, S. 6).

In Bezug auf das Ausmaß der moderaten bis anstrengenden körperlichen Aktivität zeigen die Ergebnisse der Studie, dass die Altersgruppe der Sechs- bis Zehnjährigen die höchsten Werte mit durchschnittlich 72,3 Minuten pro Tag bei den Jungen und 56,6 Minuten bei den Mädchen aufweisen. Vergleicht man diese Werte mit den Empfehlungen der WHO, erreichen 65,5% der Jungen und 38,5% der Mädchen das empfohlene tägliche Ausmaß. Bei den elf- bis dreizehnjährigen Kindern erreichen lediglich 28,7% der Jungen mit einem durchschnittlichen Tageswert von 51,2 Minuten und 17,4% der

Mädchen mit einem täglichen mittleren Ausmaß von 41,9 Minuten die empfohlenen Angaben der WHO. Hier lässt sich eine starke Abnahme erkennen, die sich bei der Altersklasse der 14-17-Jährigen weiter fortsetzt. So erreichen in dieser Altersklasse nur 16,5% der Jungen und 7,4% der Mädchen das empfohlene Bewegungsausmaß (Woll et al., 2019, S. 6).

Es bestätigt sich somit auch in dieser Studie der Trend der altersbezogenen Abnahme der körperlichen Aktivität.

5 Zusammenhang zwischen Mediennutzung (Handy und TV) und körperlicher Aktivität: Aktuelle Studienlage in Österreich und Deutschland

Im vorliegenden Kapitel werden ausgewählte Studien und deren Ergebnisse vorgestellt, die den direkten Zusammenhang zwischen Bildschirmmediennutzung (Handy und TV) und dem Ausmaß der körperlichen Aktivität untersucht haben. Da diesbezüglich keine österreichischen Studien vorliegen, wurden zwei aktuelle deutsche Studien ausgewählt, auf die sich die meisten österreichischen wissenschaftlichen Publikationen zu dieser Thematik beziehen.

5.1 KiGGS-Studie

Die deutsche KiGGS-Studie ist eine vom Bundesministerium für Gesundheit durchgeführte repräsentative Langzeitstudie des Robert-Koch-Instituts mit einem Querschnitt-Kohorten-Vergleich. Die Studie trägt mit anderen Studien dazu bei, dass aktuelle Daten zum Gesundheitswesen in Deutschland vorliegen. Als Forschungszeitraum wurden bei der Studie die Jahre 2006-2021 angegeben. In diesen Jahren erfolgten verschiedene Erhebungswellen:

- Basis-Erhebung 0-17 Jahre 2003-2006
- Welle 1 0-24 Jahre 2009-2012
- Welle 2 0-29 Jahre 2014-2017
- Welle 3 0-32 Jahre 2018-2020

Vor allem die erste Erhebungswelle der Studie liefert interessante Ergebnisse zum ausgewählten Zusammenhang.

In den Jahren 2003-2006 wurde eine Basiserhebung noch unter dem
Namen „Kinder- und Jugendgesundheitssurvey" durchgeführt. Ab
dem Jahre 2009 wurde das Projekt jedoch unter der Bezeichnung
„KiGGS-Studie" weitergeführt und ist Teil des dreiteiligen Gesund-
heitsmonitoring des Robert-Koch-Instituts. Das Gesundheitsmonito-
ring setzt sich aus der „KiGGS-Studie", der „Studie zur Gesundheit von
Erwachsenen in Deutschland" (DEGS) und der Studie „Gesundheit in
Deutschland aktuell" (GEDA) zusammen.

Zu den Aufgaben des Bundesinstituts „Robert-Koch-Institut" gehört
das Erfassen von neuen wissenschaftlichen Daten, die für den
Schwerpunkt „Gesundheit" im politischen Kontext für das deutsche
Bundesministerium für Gesundheit relevant sind. Damit das Institut
nicht immer nur momentane Daten vorlegen kann, führt es in regel-
mäßigen Zeitabschnitten Erhebungen durch, um immer über zeit-
nahe Daten zu verfügen.

Das Robert-Koch-Institut führte die Basis-Erhebung durch, um bun-
desweite repräsentative Daten über die Gesundheit von 17.641 Kindern und Jugendlichen bis zu einem Alter von 17 Jahren in 167 Städten und Gemeinden in Deutschland zu erfassen. Die Methodik dieser
ersten Erhebung bestand einerseits aus Befragungen und andererseits aus medizinischen Untersuchungen und Testungen. Der For-
schungsschwerpunkt lag hierbei vor allem auf den Gesundheitskom-
ponenten und den Lebensbedingungen, Schutz- und Risikofaktoren
und der Inanspruchnahme von Leistungen des Gesundheitssystems.
Zudem ergänzten vier Modulstudien und ein Landesmodul das Basis-
modul der KiGGS-Studie.

Es wurde ein zweistufiges Verfahren zur Ziehung der Stichprobe gewählt und 167 Städte und Gemeinden in Deutschland ausgewählt, um ein repräsentatives Abbild der Siedlungsstruktur des Landes zu geben. Die 17.641 Kinder und Jugendlichen wurden zufällig per Adresse ausgewählt und anschließend eingeladen. Die Probanden der Studie waren außerdem betreffend das Geschlecht mit 8.656 Mädchen und 8.985 Buben nahezu gleichverteilt. Eine wichtige Rolle bei der Erhebung der Daten spielten die von den Eltern auszufüllenden Gesundheitsfragebögen, die zur Sachverhaltsklärung bezüglich der Gesundheit des Kindes eingesetzt wurden. Dieser Fragebogen diente vor allem zur Erfassung der Daten über die körperliche und psychische Gesundheit, Krankheiten, Probleme, soziale Gesundheit, Lebensbedingungen, Gesundheitsverhalten, Gesundheitsrisiken und medizinische Versorgung der Kinder. Kindern beziehungsweise Jugendlichen ab einem Alter von elf Jahren wurde explizit noch ein eigener Fragebogen ausgeteilt. Weitere Teile des methodischen Verfahrens bestanden in einem Ernährungsfragebogen, einem ärztlichen Interview mit den Eltern und körperlichen Untersuchungen und Tests. Bei Kindern mit einem Alter unter elf Jahren wurden die Eltern zum Ausfüllen der Fragebögen herangezogen. Ältere Kinder beziehungsweise Jugendliche durften den Fragebogen selbst ausfüllen. Anhand des standardisierten ärztlichen Interviews durch einen Arzt mit pädiatrischer Erfahrung wurden Daten zum Impfstatus, Medikamentenkonsum und Krankheitsgeschehen des Kindes erhoben. In den Untersuchungen und Tests wurden vor allem Informationen erhoben, die prädiktiv für den Gesundheitsstatus im Erwachsenenalter sind, wie z.B. die Sehfunktion, Blutdruck, Puls, Ausdauerleistungstests mittels Fahrradergometer oder die Erfassung von motorischer Aktivität mittels Radar-Aktometrie (Hölling et al., 2007, S. 557-566).

Die vier Modulstudien, die als Ergänzung des Basismoduls dienten, hatten folgende Schwerpunkte: Gesundheitsrelevante Umweltbelastungen (Kinder-Umwelt-Survey, n: 1.790), psychische Gesundheit (BELLA-Studie, n: 2.863), motorische Leistungsfähigkeit und körperlich-sportliche Aktivität (MoMo-Studie, n: 4.529) und Ernährung (EsKiMO-Studie, n: 2.056).

Das Landesmodul, das in Schleßwig-Holstein durchgeführt wurde, lieferte landesweite repräsentative Daten zur Zielgruppe Kinder beziehungsweise Jugendlichen bis zum Alter von 18 Jahren (Hölling et al., 2007, S. 557-566).

Die erste Erhebungswelle der KiGGS-Studie, die von Juni 2009 bis Juni 2012 durchgeführt wurde, umfasste 12.368 Probanden. Das Alter der Zielgruppe lag bei bis zu 24 Jahren, wobei bei den Teilnehmern über 17 Jahren (n=7.913) lediglich die Kinder beziehungsweise Jugendlichen aus der Basiserhebung nochmals zur Teilnahme an der Studie eingeladen wurden. Auf diesem Wege ergeben sich zwei Stichprobensätze. Als Erhebungsmethode entschied sich das Robert-Koch-Institut bei dieser Welle vor allem für telefonische Interviews. Auch bei diesen standardisierten Interviews wurde bezüglich der Datenerfassung nach den gleichen Altersrichtlinien vorgegangen wie bei der Basiserhebung. Bei Kindern unter elf Jahren wurden die Eltern zum Interview herangezogen und Probanden über dem elften Lebensjahr beantworteten die Fragen selbst. Die Daten wurden mit der Software „VOXCO" erhoben und die Zeit eines Interviews lag pro Person zwischen 30-40 Minuten. Zudem gab es Papier-Fragebögen in vier verschiedenen Sprachen für Personen, deren Deutschkenntnisse nicht für diese telefonisches Befragung ausreichten. Es wurden zudem viele Maßnahmen ergriffen, um eine möglichst hohe und repräsentative Teilnahme bei dieser Studie zu garantieren. Hierbei wurden u.a. Informationsbroschüren erstellt und spezielle Verfahren eingesetzt, die es ermöglichten, auch Probanden mit Migrationshintergrund für diese Studie zu gewinnen.

Es ergaben sich daraus u.a. folgende Hauptthemen, wobei für die vorliegende Arbeit der vierte Punkt von besonderer Relevanz ist:

- Nichtübertragbare körperliche Krankheiten und Risikofaktoren wie u.a. Adipositas oder Allergien

- Impfpräventable Krankheiten z.B. Masern, Mumps

- Fragen zur physischen und psychischen Gesundheit z.B. Essstörungen oder ADHS

- Gesundheitsrelevante Verhaltensweisen z.B. Mediennutzung, körperliche Aktivität

Da sich die Antwortkategorien der ersten Welle und des Basismoduls unterscheiden, lässt sich keine Trendanalyse bezüglich des Zusammenhangs von körperlicher Inaktivität und Bildschirmmediennutzung herstellen und können aufgrund dessen nicht miteinander verglichen werden.

KiGGS Welle 1-Ergebnisse

In der ersten Erhebungswelle der KiGGS-Studie 1 wurde der Einfluss des Medienkonsums sowohl auf die körperliche Aktivität als auch die sportliche Aktivität der Kinder und Jugendlichen getrennt erfasst. Die Voraussetzung, um als „körperlich aktiv" eingestuft zu werden, war ein Bewegungsausmaß von zumindest 60 Minuten täglich, zweimal die Woche.

Die sportliche Aktivität des Kindes wurde ohne Miteinbeziehung des
Sports, der im Laufe des Schulalltags oder in ähnlichen Bildungsein-
richtungen des Kindes oder Jugendlichen durchgeführt wird, erhoben.

In den daraus resultierenden Ergebnissen zeigte sich nach der Adjus-
tierung von Alter und Sozialstatus bei beiden Geschlechtern signifikante Zusammenhänge. Bei den Jungen im Alter von elf- bis siebzehn
Jahren zeigte sich ein zweieinhalbfach erhöhtes Risiko für verminderte körperliche Aktivität, wenn ein täglicher Medienkonsum von
mehr als fünf Stunden vorlag. Dieses signifikante Ergebnis konnte jedoch nur bei den Jungen nachgewiesen werden, bei den Mädchen
ergaben sich keine signifikanten Zusammenhänge zwischen dem Medienkonsum und dem Ausmaß der körperlichen Aktivität. Betreffend
der Sportbeteiligung zeigte sich, dass eine Mediennutzung von mehr
als fünf Stunden pro Tag mit einer fehlenden Sportbeteiligung bei
den Jungen signifikant zusammenhängt. Bei den Mädchen zeigte sich
dieser signifikante Zusammenhang bei einer Nutzungsdauer von drei
bis fünf Stunden, nicht jedoch bei einer Nutzungsdauer von mehr als
fünf Stunden pro Tag (Manz et al., 2014, S. 840-848).

5.2 MoMo-Studie

Die MoMo-Studie ist ein Modul der KiGGS-Studie und befasst sich vor
allem mit der motorischen Leistungsfähigkeit und der sportlich-körperlichen Aktivität von Kindern und Jugendlichen im Alter von vier-
bis siebzehn Jahren in Deutschland. In dieser Studie werden neben
der Erfassung von aktuellen Daten bezüglich des Ausmaßes der körperlichen Aktivität von Kindern, auch Werte zu möglichen Auswirkungen des Medienkonsums auf das Ausmaß der körperlichen

Aktivität erhoben. Dass die MoMo-Studie ein Teil der KiGGS-Studie ist, spiegelt sich auch im Studiendesign beider Studien wider. So ist die vorliegende Studie ebenso eine Langzeit-Studie mit Kohorten-Vergleich und es wurde - wie in der KIGGS-Studie - zu Beginn eine Basis-Erhebung durchgeführt. Die weiterführenden Erhebungen wurden in Form von Erhebungswellen durchgeführt. Die Teilnehmer-Anzahl der Kinder und Jugendlichen belief sich bei der Basiserhebung, die in den Jahren 2003-2006 stattfand, auf 4.528, bei der ersten Welle aus dem Jahre 2009-2012 auf 5.104. Von 2014 bis 2016 wurde eine weitere Welle durchgeführt, bei der sich die Anzahl auf 5.200 belief. Zudem ist noch eine dritte Welle für die Jahre 2018 bis 2020 geplant (Woll et al., 2017, S. 66-73).

Das Untersuchungsdesign der Studie ist in die folgenden drei Teil gegliedert: die Erfassung der Körpermaße, die Erfassung der körperlichen Aktivität mittels Fragebogen und die Durchführung von elf sportmotorischen Tests.

Die Studie kam bei ihrer zweiten Welle unter anderem zum Ergebnis, dass sechs- bis zehnjährige Kinder, die einen hohen Medienkonsum aufweisen, sich nicht weniger bewegen, als Kinder die einen geringen Konsum von Medien aufweisen. „Medienkonsum" wurde bei dieser Studie definiert als die Nutzung von Fernseher, PC oder Smartphones (Woll et al., 2019, S. 3).

5.3 Metaanalyse von Marshall et. al.

Eine Metaanalyse aus dem Jahre 2004 von 107 Längsschnitt-, Querschnitt- und Interventionsstudien aus Amerika, Asien, Europa und Australien untersuchte den Zusammenhang zwischen Fernsehnutzung und körperlicher Aktivität an einer sehr großen Gesamtstichprobe (n=141.505). Die Metaanalyse bezog sich hierbei auf Personen im Alter zwischen drei und achtzehn Jahren (Marshall et al., 2004, S.1238-1246). Die Studie verwendete dabei unter anderem die Methode der Internet-Recherche, wobei sie sich nur auf Studien, die im Jahrgang 1985 oder älter durchgeführt worden sind, bezog. Zudem zogen sie die Methode der Bibliografie und der „manuellen Suche" heran. Jedoch wurden bei der Metaanalyse nur auf Englisch verfasste Studien berücksichtigt. Bei der Untersuchung bezüglich des Zusammenhangs von körperlicher Aktivität und dem Fernsehen beziehungsweise Computer- Videospielens wurden 33 Studien mit insgesamt 143.235 Probanden herangezogen, wovon 118.173 Teilnehmer aus einer paneuropäischen Studie stammten. 39% der Teilnehmenden waren zwischen 13-18 Jahre alt, 22% zwischen sieben- und zwölf Jahre und 7% unter sieben Jahre. Die restlichen 32% ergaben sich aus gemischten Altersgruppen. Die Geschlechterverteilung war gegliedert in 73% geschlechtsspezifischen Studien (41% nur Mädchen, 32% nur Jungen) und 27% mit gemischten Geschlechtern.

Es zeigte sich eine signifikante, jedoch schwache negative Korrelation von -0,096 zwischen Fernsehkonsum und körperlicher Aktivität, sowie eine geringe signifikante positive Korrelation von 0,066 zwischen Körperfett und Fernsehnutzung (n=44.707). Ein erhöhter Fernsehkonsum korreliert somit mit einer verminderten körperlichen Aktivität und einem erhöhten Anteil an Körperfett. Es lässt sich durch die Korrelationen jedoch keine Aussagen über ursächliche Zusammenhänge machen.

Eine Analyse des Zusammenhangs zwischen Fernsehkonsum und dem Ausmaß körperlicher Aktivität getrennt für unterschiedliche Altersgruppen zeigte keine Korrelation für Kinder bis zu einem Alter von sechs Jahren. Für die Altersgruppen von 7 – 12 Jahren und von 13 – 18 Jahren ergab sich die angeführte signifikante negative Korrelation. Dabei zeigte sich keine signifikante Differenz zwischen den beiden Altersgruppen. Ebenso führte eine Auswertung getrennt nach Geschlecht zu keinen signifikanten Ergebnissen.

5.4 Diskussion der Ergebnisse:

Betrachtet man die Ergebnisse der beiden deutschen Studien, so zeigt sich kein signifikanter Zusammenhang zwischen dem Ausmaß der körperlichen Aktivität und dem Medienkonsum für die Altersgruppe der Sechs- bis Zehnjährigen und ein signifikanter Zusammenhang für die Altersgruppe der Elf- bis Siebzehnjährigen. Es wurden in den beiden Studien allerdings nur die angeführte Altersgruppe untersucht, sodass kein Vergleich der Ergebnisse erfolgen konnte.

In der Metaanalyse wurde der Zusammenhang zwischen Medienkonsum und körperlicher Aktivität für beide Altersgruppen (Sieben- bis Zwölfjährige und Dreizehn- bis Achtzehnjährige) getrennt untersucht. Hier zeigten sich signifikante Ergebnisse für beide Altersgruppen.

Dieses Ergebnis ist zum Teil widersprüchlich zu den Ergebnissen der MoMo-Studie, bei der sich kein signifikanter Zusammenhang für die Altersgruppe der Sechs- bis Zehnjährigen fand.

Eine mögliche Erklärung für diese unterschiedlichen Resultate liegt vermutlich in der Ungleichheit der Altersklassen. Während sich der in der MoMo- Studie nicht gefundene signifikante Zusammenhang auf Kinder der Altersgruppe von sechs bis zehn Jahren bezieht, beziehen sich die signifikanten Ergebnisse der Metaanalyse auf die Altersklasse der Sieben- bis Zwölfjährigen. Aus den Untersuchungen zur Häufigkeit der körperlichen Aktivität bei Kindern und Jugendlichen getrennt nach Altersklassen, geht in der MoMo-Studie klar hervor, dass sich von der Altersklasse der Sechs- bis Zehnjährigen zur Altersklasse der Zehn- bis Dreizehnjährigen eine wesentliche Reduktion der körperlichen Aktivität ereignet. Die Miteinbeziehung der Zehn- bis Zwölfjährigen (Altersklasse der Sieben- bis Zwölfjährigen) in der Metaanalyse könnte dazu geführt haben, dass sich ein signifikanter Zusammenhang ergab.

Ein weiterer Einflussfaktor könnte in der unterschiedlichen Erhebungsmethode der körperlichen Aktivität in den beiden Untersuchungen liegen. Bei der MoMo-Studie handelt es sich um die erste repräsentative Studie, die die körperliche Aktivität nicht mittels eines Fragebogens, sondern unter Verwendung eines Akzelerometers erfasst hat.

Ein möglicher Grund für die Abnahme der körperlichen Aktivität nach dem Grundschulalter könnte darin liegen, dass die Kinder und Jugendlichen dieser Altersgruppe höheren schulischen Anforderungen entsprechen müssen. Somit ergibt sich durch den längeren täglichen Schulbesuch und durch die damit verbundenen außerschulischen Aufgaben und Verpflichtungen, eine verminderte Freizeit, was sich auf das Ausmaß der körperlichen Aktivität auswirken könnte.

Unklar bleibt, wieso sich bei Mädchen ein erhöhter Medienkonsum im Ausmaß von drei bis fünf Stunden sehr wohl signifikant negativ auf die sportliche Aktivität auswirkt, aber nicht ein Medienkonsum im Ausmaß von mehr als fünf Stunden. Überraschend ist auch, dass sich dieser erhöhte Medienkonsum nur auf die sportliche Aktivität der Mädchen auswirkt, nicht jedoch auf die allgemeine körperliche Aktivität. Denn - wie in Kapitel vier beschrieben – zeigen viele Studien bei Mädchen eine stärkere Abnahme der körperlichen Aktivität mit zunehmendem Alter als bei Jungen.

6 Reflexion der Ergebnisse und Überlegungen zu weiterführenden Maßnahmen

Wie an den oben vorgestellten Studien zur körperlichen Aktivität von Kindern und Jugendlichen ersichtlich ist, erreichen nur ein geringer Anteil das täglich empfohlene Bewegungspensum. Dies liegt jedoch nicht primär im Medienkonsum begründet. Ein diesbezüglicher Zusammenhang zeigt sich erst bei einem sehr hohen Ausmaß an täglicher Mediennutzung. Man kann aufgrund des geringen Ausmaßes von körperlicher Aktivität bei Kindern bereits von einem Bewegungsmangel sprechen. Eine Förderung des Bewegungsausmaßes der Kinder und Jugendlichen ist daher indiziert. Zudem stellt eine entsprechende Förderung auch einen wesentlichen Beitrag zur Gesundheitsförderung dar.

Das Robert-Koch-Institut zeigt in einem Faktenblatt der KiGGS-Studie auf, dass sozial-benachteiligte Kinder und Jugendliche besonders selten Sport treiben beziehungsweise körperlich aktiv sind und daher ein Hauptaugenmerk auf die Förderung dieser Zielgruppe gesetzt werden sollte (Lampert et al., 2007, S. 634-642).

Folgende Maßnahmen – auf die ich in der Folge näher eingehen werde - eignen sich meiner Meinung nach, um einerseits das Ausmaß der körperlichen Aktivität von Kindern zu steigern und andererseits, um den Kindern die grundlegende Möglichkeit beziehungsweise den Raum zu geben, sich zu bewegen:

- Raumgestaltung (mehr Spielplätze, mehr Bewegungsmöglichkeiten in Wohnsiedlungen)

- Bewegungsförderung an Schulen (durch vermehrten Sportunterricht und sportlichen Exkursionen)

- Ganztagsschulen in Großstädten, um den Kindern eine Möglichkeit zum Spielen und zur körperlichen Aktivität zu geben.

- Genügend Bewegungsmöglichkeiten und Spielflächen an Schulen, um möglichst allen Kindern das Spielen beziehungsweise körperliche/sportliche Aktivitäten zu ermöglichen.

- Kinder über gesunde Ernährung und Bewegung aufzuklären um den „gesunden" Lebensstil - verbunden mit Sport - zu fördern. (Übergewicht/Adiposität vermeiden)

- Kostenlose beziehungsweise günstige Projekte in Kooperation mit Sportvereinen schaffen, um Kindern aus sozial-benachteiligten Familien eine Möglichkeit zu geben, sich sportlich zu betätigen beziehungsweise Mitglied eines Sportvereins zu werden.

6.1 Bewegungsförderung an Schulen:

Um das Konzept der „bewegten Schule" umsetzen zu können, müsste man meiner Meinung nach, einige Punkte beachten. So wäre es zum Beispiel wichtig, an den Schulen auf eine ergonomische Sitzhaltung zu achten und diese gegebenenfalls durch Workshops oder durch Erläuterungen im Unterricht zu fördern. Diese von Ergotherapeuten empfohlene Sitzhaltung ist eine wichtige Grundlage, weil Kinder während des Unterrichts einige Stunden des Tages eine sitzende Haltung einnehmen und eine nicht-ergonomische Sitzposition negative Folgen nach sich ziehen kann. Um den Kindern diese haltungsschonende Art des Sitzens zu ermöglichen, müsste natürlich auch für entsprechende Stühle und ergonomische Sitzmöglichkeiten gesorgt werden.

Eine weitere Möglichkeit zu einer „bewegten Schule" beizutragen, ist die Einbeziehung von Unterrichtsmethoden, die eine körperliche Betätigung beinhalten. Eine entsprechende Methode wäre zum Beispiel ein sogenanntes „Laufrätsel", bei dem entweder in der ganzen Schule oder in einem begrenzten räumlichen Abschnitt, Notizblätter angebracht werden. Die Kinder müssen sich anschließend anhand einer Karte zu den jeweiligen Blättern bewegen, sich die Wörter oder Sätze merken und diese bei der Wiederkehr ins Klassenzimmer notieren. Gewinner dieses didaktischen und bewegungsfördernden Spiels ist derjenige, der zuerst alle Wörter in sein Heft im Klassenzimmer notiert hat. Diese „Laufrätsel" ließen sich in unterschiedlichsten Variationen abändern, die eine Kombination aus Bewegung, Wissensvermittlung und Spaß darstellen. Auch das Miteinbeziehen von „Bewegungspausen" im Unterricht wäre eine Möglichkeit, das Bewegungsausmaß der Kinder im schulischen Kontext zu fördern. Je nach Gestaltung der Bewegungspausen, könnten diese den Kindern die Möglichkeit geben, sich selbst mit „Bewegungsformen" auseinanderzusetzen beziehungsweise sie zu ermutigen, sich Gedanken zu machen, auf welche Weise man sich noch bewegen könnte. Hier könnten die Kinder erfinderisch sein und man würde zusätzlich noch ihr fantasievolles Denken und ihre Kreativität anregen und fördern. Man könnte die Pausen auch nützen, um mit Kindern Entspannungsübungen durchzuführen, die im Idealfall zu einer besseren Auseinandersetzung mit dem eigenen Körper führen und weitergehend das Interesse an diesem stärkt. Abgesehen von der Unterrichtsgestaltung in der Klasse, würde eine Anhebung der wöchentlichen Stunden des Unterrichtsfaches „Leibesübungen" zu einem erhöhten Bewegungspensum bei Kindern führen. Wichtig dabei wäre das Motivieren und Miteinbeziehen von allen Schülerinnen und Schülern. Dafür wäre eine tolerante und pädagogisch-kompetente Lehrperson unerlässlich. Das Eingehen auf die Bedürfnisse der Kinder im Sportunterricht ist deswegen so wichtig, weil kein Kind aufgrund seiner körperlichen Statur, Herkunft, Geschlecht oder anderweitigen Merkmalen ausgeschlossen oder benachteiligt werden sollte. Der Lehrkörper sollte die Kinder möglichst früh darüber aufklären, um dem oftmals hartnäckigen Mobbing in Schulen keinen Nährboden zu geben. Es sollte auch auf ausreichend funktionstüchtige und altersgerechte Sportgeräte in der Gestaltung des Unterrichtes geachtet werden, um die Motivation der Kinder hochzuhalten und sie für die sportlichen Aktivitäten zu begeistern. Das durch eine Lehrperson betreute Benützen der Turnsäle während längerer Pausen, wäre eine zusätzliche Möglichkeit für Schulen, die Bewegung der Kinder zu fördern. Speziell für Schulen, die über keinen oder nur einen kleinen Schulhof verfügen, würde diese Möglichkeit eine Alternative bieten. Auf diesem Wege könnte man auch den Kindern, die eine dieser Schulen besuchen, genügend Raum geben, um etwas zu spielen beziehungsweise, um sich körperlich zu betätigen. Grundlegend sollte an jeder Schule für ausreichend Bewegungsraum für die Kinder gesorgt werden, da sowohl Mädchen als auch Buben einen spezifischen Aufenthaltsort benötigen. Forster sieht die Existenz dieses Phänomens in der Entwicklung der Kinder begründet, da diese im Schulalter am liebsten in geschlechts-homogenen Gruppen spielen und bei Vorhandensein eines einzigen

Sportplatzes die Jungen dominieren und die Mädchen sich daraufhin zurückziehen. Auch der in der Gesellschaft zumeist verankerte Gedanke, dass Buben körperlich aktiver als Mädchen seien, konnte durch die Untersuchung von Forster widerlegt werden. Wenn Mädchen nämlich in den Pausen die Gelegenheit bekommen, auf einen Sportplatz zu spielen, dann nützen sie ihn genauso wie die Buben (Forster, 2010, S. 62-69). Diese Ergebnisse sprechen meiner Meinung nach für zumindest zwei Sportplätze oder Grünflächen auf dem Pausenhof jeder Schule, um auf die, in der Entwicklung basierenden geschlechtsspezifischen Gegebenheiten einzugehen und somit jedem Kind die Möglichkeit zu bieten, sich körperlich ausreichend betätigen zu können.

Zudem eignet sich der schulische Kontext optimal für Workshops von Organisationen aus dem Sport- beziehungsweise Ernährungsbereich, da in Schulen eine große Anzahl von Kindern erreicht werden kann. Die Durchführung solcher Workshops könnte zur Bewusstseinsbildung betreffend die Wichtigkeit einer gesunden Ernährung und ausreichender körperlicher Bewegung beitragen. Sportvereine könnten als Veranstalter fungieren und den Kindern auf diesem Wege ihre Sportart vorstellen und sie dazu motivieren. Der Sportverein würde im Idealfall auch davon profitieren und neue, motivierte beziehungsweise talentierte Mitglieder finden. Die sportlichen Organisationen könnten zudem in Kooperation mit den Schulen kostengünstige Kurse, wie zum Beispiel Schwimmkurse, anbieten, um die Teilnahme auch Kindern aus sozial-benachteiligten Familien zu ermöglichen.

Eine weitere Möglichkeit, um Kinder für mehr Bewegung zu begeistern, wären Exkursionen mit einem sportlichen beziehungsweise bewegungsaktiven Hintergrund. Ein Beispiel hierfür wäre ein Wandertag oder ein Besuch im Schwimmbad mit professioneller Schwimmbetreuung. Man könnte auch die Exkursionen an den Lernstoff anpassen, beispielsweise die Biologie-Stunde ins Freie verlegen und somit den Kindern aus „erster Hand" das zoologische beziehungsweise botanische Wissen in einem Zoo, einem Wald oder botanischen Garten näherbringen. Auf diese Weise könnten die Lerninhalte auf spannende und interessante Art vermittelt und zusätzlich die Bewegung der Kinder gefördert werden. Zusätzlich könnte die körperliche Aktivität einen positiven Einfluss auf die Lernbereitschaft und den Lernerfolg der Kinder haben.

Ein weiteres sinnvolles Vorhaben, welches einen positiven Effekt auf das Ausmaß der körperlichen Aktivität von Kindern haben kann, ist die Beachtung eines bewegungsfördernden Schulbaus und die entsprechende Einrichtung. Bei der Umsetzung dieser Gestaltung müsste man auf folgende Punkte achten: Bezüglich der Inneneinrichtung der Schule sollte man laut Forster bei der Konstruktion von Räumen und Durchgängen auf eine zur Bewegung einladende Atmosphäre achten. Dies gelingt am besten, wenn man diese kindgerecht und spannend gestaltet. Die Kinder sollten sich auch in den Räumlichkeiten wohlfühlen, da dies - meiner Meinung nach - unter anderem einen positiven Einfluss auf das Bewegungsverhalten hat. Denn es liegt auf der Hand, dass Kinder sich in einer Räumlichkeit, in der sie sich wohlfühlen, öfters und länger aufhalten und diese als Spielumgebung nützen, als in einer „ungemütlichen" Umgebung. Um diesen Effekt bei Kindern zu erzielen, eignen sich - laut Forster - Pflanzen, Bilder und andere dekorative Items. Es sollte auch für eine gute Luftzirkulation und für optimale Lichtverhältnisse gesorgt werden. (Forster, 2010, S. 62-69).

Zumindest ebenso wichtig wäre eine bewegungsfördernde Gestaltung des Pausenhofs, da Kinder vor allem in der Pause die Zeit für Bewegung und Entspannung nützen sollten (Forster, 2010, S. 62-69). Auch dabei sollten in erster Linie die Bedürfnisse der Kinder berücksichtigt und auf diese eingegangen werden. Vor allem bei Kindern im Grundschulalter sollte man auf eine Umgebung achten, die zum Spielen einlädt, da Kinder dieses Alters Bewegung größtenteils im Zuge des Spielens ausführen. Ein Beispiel für beliebte Spiele bei Kindern in diesem Alter wäre „Fangenspielen" oder „Cowboy und Indianer". Diese setzen ein hohes Maß an Bewegung voraus, da die Grundlage dieser Spiele auf Laufen basiert. Wenn also die Umgebung für solche Spiele geeignet ist, fördert das indirekt die körperliche Aktivität von Kindern (Forster, 2010, S. 62-69).

Eine weitere mögliche Fördermaßnahme, die zur Steigerung des Bewegungsausmaßes von Kindern führen könnte, wäre die Einführung von Ganztagesschulen in Großstädten. Dies liegt darin begründet, dass Großstädte häufig dicht verbaut sind und nur wenige Spielplätze oder Flächen bieten, die von Kindern zum Spielen genützt werden können. Die Ganztagesschulen – ausgestattet mit entsprechenden Spielplätzen - würden somit eine Umgebung bieten, wo Kinder spielen beziehungsweise sich bewegen können. Zudem besteht die Möglichkeit, Biotope und Gärten in den Schulhof zu integrieren.

Bereits der Weg zur Schule könnte für eine Steigerung des Bewegungsumfangs der Kinder genutzt werden. So könnten zum Beispiel mit den Kindern organsierte Schulweg-Wanderungen veranstaltet werden, bei denen die Kinder motiviert werden, den Schulweg gemeinsam zu Fuß oder mit dem Fahrrad zu bewältigen, anstatt mit dem Bus oder mit dem Auto zur Schule gebracht zu werden. Durch

Projekte dieser Art bekämen die Kinder die Möglichkeit, sich zusätzlich zu bewegen und zudem sicher zur Schule zu gelangen.

6.2 Maßnahmen zur Förderung des Ausmaßes von körperlicher Betätigung bei Kindern im außerschulischen Kontext

Das vermutlich größte Problem im außerschulischen Kontext stellen die räumlichen Gegebenheiten in den Städten dar. Vor allem in Großstädten wird nahezu jede freie Fläche verbaut und es werden mögliche Spielräume in der Natur verringert. In kleineren Städten und Dörfern ist zumeist eine größere Vielfalt an Spielmöglichkeiten in der Natur gegeben. Kinder und Jugendliche, die in einer Großstadt leben, haben oft nicht die Möglichkeit, auf einer großen Wiese oder in einem Wald zu spielen. In den meisten Fällen gibt es nur eingezäunte Spielplätze neben der Straße oder die Kinder sind gezwungen, in Räumlichkeiten zu spielen. Deshalb wäre es sehr wichtig und für die Bewegung der Kinder und Jugendlichen förderlich, möglichst ausreichend Spielplätze, Parks und Grünanlagen, Skaterparks, u.a.m. - besonders im städtischen Raum - zur Verfügung zu stellen.

Eine weitere mögliche Maßnahme, um den Bewegungsumfang der Kinder und Jugendlichen zu erhöhen, ist die Vorbildwirkung der Eltern. Wenn die Eltern selbst sportlich aktiv sind und die Kinder in ihren körperlich-aktiven Lebensstil miteinbeziehen, trägt das vermutlich zu einer größeren Motivation für Kinder und Jugendliche bei, sich auch zu bewegen beziehungsweise sportlich zu betätigen und dieses Verhalten auch weiterhin aufrechtzuerhalten.

7 Literatur

Ahnert, J. (2005). Motorische Entwicklung vom Vorschul- bis ins frühe Erwachsenenalter - Einflussfaktoren und Prognostizierbarkeit. Dissertation. Wurzburg: Universität Wurzburg.

Biddle, S. J., Gorely, T., & Stensel, D. J. (2004). Health-enhancing physical activity and sedentary behaviour in children and adolescents. *Journal of sports sciences, 22*(8), 679–701.

Bös, K., & Mechling, H. (1983). *Dimensionen sportmotorischer Leistungen*. Schorndorf: Hofmann.

Bös, K., & Pratschko, M. (2009). *Das große Kinder-Bewegungsbuch*. Frankfurt am Main: Campus Verlag.

Bös, K., & Ulmer, J. (2003). Motorische Entwicklung im Kindesalter. *Monatsschrift Kinderheilkunde, 151*(1), 14–21.

Bundesministerium für Arbeit, Soziales, Gesundheit und Konsumentenschutz. (2018). Gesundheit und Gesundheitsverhalten von österreichischen Schülerinnen und Schülern: Ergebnisse des WHO-HBSC-Survey 2018. Wien: Bundesministerium für Arbeit, Soziales, Gesundheit und Konsumentenschutz.

Bundesministerium für Gesundheit. (2015). Gesundheit und Gesundheitsverhalten von österreichischen Schülerinnen und Schülern: Ergebnisse der WHO-HBSC-Survey 2014. Wien: Bundesministerium für Gesundheit.

Caspersen, C. J., Powell, K. E., & Christenson, G. M. (1985). Physical activity, exercise, and physical fitness: definitions and distinctions for health-related research. *Public Health Reports, 100*(2), 126–131.

Dadaczynski, K., & Schiemann, S. (2015). Welchen Einfluss haben körperliche Aktivität und Fitness im Kindes- und Jugendalter auf Bildungsoutcomes? *Sportwissenschaft, 45*(4), 190–199.

Finger, J. D., Varnaccia, G., Borrmann, A., Lange, C., & Mensink, G. B. M. (2018). Körperliche Aktivität von Kindern und Jugendlichen in Deutschland – Querschnittergebnisse aus KiGGS Welle 2 und Trends. *Journal of Health Monitoring, 3*(1), 24–31.

Fuemmeler, B. F., Pendzich, M. K., & Tercyak, K. P. (2009). Weight, Dietary Behavior, and Physical Activity in Childhood and Adolescence: Implications for Adult Cancer Risk. *Obesity Facts, 2*(3), 179–186.

Hebestreit, H., Ferrari, R., Meyer-Holz, J., Lawrenz, W., & Jüngst, K. (2002). *Kinder- und Jugendsportmedizin: Grundlagen, Praxis, Trainingstherapie.* Stuttgart: Georg Thieme Verlag.

Hölling, H., Kamtsiuris, P., Lange, M., Thierfelder, W., Thamm, M., & Schlack, R. (2007). Der Kinder- und Jugendgesundheitssurvey (KiGGS): Studienmanagement und Durchführung der Feldarbeit. *Bundesgesundheitsblatt - Gesundheitsforschung - Gesundheitsschutz, 50*(5–6), 557–566.

Jansen, P., & Richter, S. (2016). *Macht Bewegung wirklich schlau? Zum Verhältnis von Bewegung und Kognition.* Göttingen: Hogrefe.

Lampert, T., Mensink, G. B. M., Romahn, N., & Woll, A. (2007). Körperlich-sportliche Aktivität von Kindern und Jugendlichen in Deutschland. *Bundesgesundheitsblatt - Gesundheitsforschung - Gesundheitsschutz, 50*(5–6), 634–642.

Manz, K., Schlack, R., Poethko-Müller, C., Mensink, G., Finger, J., Lampert, T., & KiGGS Study Group. (2014). Körperlich-sportliche Aktivität und Nutzung elektronischer Medien im Kindes- und Jugendalter. *Bundesgesundheitsblatt - Gesundheitsforschung - Gesundheitsschutz, 57*(7), 840–848.

Marshall, S. J., Biddle, S. J. H., Gorely, T., Cameron, N., & Murdey, I. (2004). Relationships between media use, body fatness and physical activity in children and youth: a meta-analysis. *International Journal of Obesity, 28*(10), 1238–1246.

Mietzel, G. (2002). *Wege in die Entwicklungspsychologie* (4. Aufl.). Weinheim: Beltz Verlag.

Petermann, F., Scheithauer, H., & Niebank, K. (2004). *Entwicklungswissenschaft: Entwicklungspsychologie - Genetik - Neuropsychologie.* Berlin, Heidelberg, New York: Springer Verlag.

Prätorius, B., & Milani, T. (2004). Motorische Leistungsfähigkeit bei Kindern: Koordinations- und Gleichgewichtsfähigkeit: Untersuchung des Leistungsgefälles zwischen Kindern mit verschiedenen Sozialisationsbedingungen. *Deutsche Zeitung für Sportmedizin, 55*(7/8), 172–175.

Rossmann, P. (2016). *Einführung in die Entwicklungspsychologie des Kindes- und Jugendalters* (3. Aufl.). Göttingen: Hogrefe.

Rütten, A., & Pfeifer, K. (2016). *Nationale Empfehlungen für Bewegung und Bewegungsförderung.* Köln: Bundeszentrale für gesundheitliche Aufklärung.

Sauseng, W., Sonnleitner, A., Hofer, N., Pansy, J., Kiechl-Kohlendorfer, U., Weiss, S., Kerbl, R. (2016). Empfehlungen zur Regulierung von Bildschirmzeiten im Kindes- und Jugendalter. *Monatsschrift Kinderheilkunde, 165*(3), 254–256.

Schienkiewitz, A., Brettschneider, A.-K., Damerow, S., & Schaffrath Rosario, A. (2018). Übergewicht und Adipositas im Kindes- und Jugendalter in Deutschland – Querschnittergebnisse aus KiGGS Welle 2 und Trends. Journal of Health Monitoring, 3(1), 16–23.

Siegler, R. S. (2001). *Das Denken von Kindern* (3. Aufl.). München: Oldenbourg Verlag.

Spitzer, M. (2012). *Digitale Demenz: Wie wir uns und unsere Kinder um den Verstand bringen* (3. Aufl.). München: Droemer Verlag.

Townsend, N., Bhatnagar, P., Wickramasinghe, K., Scarborough, P., Foster, C., & Rayner, M. (2012). Physical activity statistics 2012. London: British Heart Foundation.

Woll, A., Albrecht, C., & Worth, A. (2017). Motorik-Modul (MoMo) – das Modul zur Erfassung der motorischen Leistungsfähigkeit und der körperlich-sportlichen Aktivität in KiGGS Welle 2. *Journal of Health Monitoring,* 2(3), 66–73.

Woll, A., Oriwol, D., Anedda, B., Burchartz, A., Hanssen-Doose, A., Kopp, M., Worth, A. (2019). Körperliche Aktivität, motorische Leistungsfähigkeit und Gesundheit in Deutschland: Ergebnisse aus der Motorik-Modul-Längsschnittstudie (MoMo). Karlsruhe: KIT.

World Health Organization. (2010). Global recommendations on physical activity for health. Geneva: World Health Organization.

World Health Organization. (2019a). Guidelines on physical activity, sedentary behaviour and sleep for children under 5 years of age. Geneva: World Health Organization.

World Health Organization. (2019b). Guidelines on Physical Activity, Sedentary Behaviour, and Sleep for Children Under 5 Years of Age. Geneva: World Health Organization.

Internet-Quellen

Die Drogenbeauftragte der Bundesregierung. (2018). Abschlussbericht BLIKK-Medien 2018. Abgerufen 06. März 2020, von https://www.bundesgesundheitsministerium.de/fileadmin/Dateien/5_Publikationen/Praevention/Berichte/Abschlussbericht_BLIKK_Medien.pdf

Education group. (2018). Medienverhalten bei Kindern – Zielgruppe Kinder. Abgerufen 06. März 2020, von https://www.edugroup.at/fileadmin/DAM/Innovation/Forschung/Dateien/Charts_Kinder_2018.pdf

Education group. (2019). Medienverhalten der Jugendlichen im Trend: Aus dem Blickwinkel der Jugendlichen. Abgerufen 06. März 2020, von https://www.edugroup.at/fileadmin/DAM/Innovation/Forschung/Dateien/Charts_Jugendliche_2019.pdf

Forster, J. (2010). Qualität von Aussenräumen aus pädagogischer Sicht. In J. Forster & C. Rittelmayer (Hrsg.), Gestaltung von Schulbaute. Ein Diskussionsbeitrag aus erziehungswissenschaftlicher Sicht (S. 62–69). Abgerufen 06. März 2020, von https://www.stadt-zuerich.ch/ssd/de/index/volksschule/themen_angebote/schulraumplanung/anforderungen_schulbauten.html

HBSC-Studienverbund Deutschland* (2015). Studie Health Behaviour in School-aged Children – Faktenblatt „Körperliche Aktivität bei Kindern und Jugendlichen". Abgerufen 06. März 2020, von http://www.gbe-bund.de/pdf/Faktenbl_koerperl_aktivitaet_2013_14.pdf

Medienpädagogischer Forschungsverbund Südwest. (2000). Kinder und Medien: Basisuntersuchung zum Medienumgang 6-13-Jähriger in Deutschland. Abgerufen 06. März 2020, von https://www.mpfs.de/fileadmin/files/Studien/KIM/1999/KIM_Studie_1999.pdf

Medienpädagogischer Forschungsverbund Südwest. (2019). KIM-Studie 2018: Kindheit, Internet, Medien. Basisuntersuchung zum Medienumgang 6- bis 13-Jähriger. Abgerufen 06. März 2020, von https://www.mpfs.de/fileadmin/files/Studien/KIM/2018/KIM-Studie_2018_web.pdf

no.ZOFF. (2015, September 8). Umgang mit Medien – Empfehlung für Eltern von Kindern bis 12 Jahre. Abgerufen 06.
März 2020, von https://www.no-zoff.ch/MedienEmpfeh-
lung_fuer_Eltern_mit_Kindern_bis_12_Jahre.pdf